KB234746

Step by Step series 10

# 프랑스어 여행회화

프랑스어 여행회화

France

전경준 지음

# 책 머리에

　이제 우리도 국제화 시대를 맞아 세계 어느 곳이나 국내 여행 정도의 가벼운 마음으로 떠날 수 있는 시대가 되었다. 미지의 땅에서 미지의 사람을 만나고 새로운 풍경과 문화를 접할 수 있는 여행은 그야 말로 즐겁고 유익한 산 경험이 아닐 수 없다. 그러나 외국 여행을 하는데 있어서 마냥 즐거울 수만 없는 것은 항상 언어 소통 문제가 있기 때문이다. 외국어는 귀에 익숙하지 않으면 좀처럼 알아듣기 힘들다. 그렇다고 그 나라말에 대한 두려움을 안고 여행을 한다면 그 즐거움은 반감되어 버릴 것이다. 그러므로 무조건 어렵고 두렵게 생각하지 말고, 외국인으로서 그 나라말을 잘 모르는 것은 당연하다는 마음과 함께 익숙하지는 않지만 그 나라말을 몇마디라도 알고 떠난다면 많은 도움이될 뿐만 아니라 여행도 한층 즐거워질 것이다.

　이 책은 프랑스나 불어권 나라를 여행할 때 부딪힐 수 있는 여러 상황에 대비하여 그때 그때 필요한 회화와 어휘를 골라 수록함으로써 즉석에서 활용할 수 있도록 꾸민 여행 회화집이다. 발음도 우리말로 표기해 되도록 손쉽게 사용할 수 있도록 한 것이므로 여행을 하는 여러분에게 주머니 속의 통역자 역할을 할 수 있기를 바라는 바이다.

엮은이

# 이 책의 특징과 사용법

- 누구든지 말할 수 있도록 불어권 국가를 여행할 때 자주 사용되는 짧은 회화 표현을 모았고, 완곡한 표현이나 지나치게 정중하여 길어진 표현은 가능한 한 피했다.

- 「예, 아니오」를 분명히 대답할 수 있도록 질문과 대답을 많이 다루었다.

- 관련어휘를 풍부하게 두어 응용범위를 넓게 하였다.

- 불어 발음을 우리말로 표기해 줌으로써 불어를 모르는 사람도 쉽게 사용할 수 있게 하였다.

- 급할 때 용도에 맞는 페이지를 펼치면 그런대로 응급처치를 할 수 있도록 다양한 분야를 취급하였다.

- 포켓용 크기로 만들어 휴대하기 간편하게 만들었다.

- 어떤 말을 두서너번 반복해도 상대방에게 통하지 않을 때는 말하고 싶은 우리말에 해당하는 그 외국어를 이 책에서 찾아 손가락으로 가리켜 보인다.

- 상대방의 말을 알아 듣지 못할 때는 이 책을 내보이면서 그 해당되는 말을 손가락으로 짚어 달라고 부탁해 본다.

# 차 례 (CONTENTS)

# 기본회화

# 불어란 어떤 언어인가?

　불어는 현재 프랑스 본토 및 프랑스의 해외영토, 스위스, 벨기에, 캐나다의 일부 지역과 아프리카의 옛식민지 등 총 27개국에서 1억 4천만 정도의 인구가 모국어 또는 공용어로 사용하는 언어로, 그 사용인구 수에 따른 순위가 10위 이내에 들어가는 주요 언어 중의 하나이다. 불어는 주어와 목적어의 관계가 가장 확실한 합리적인 언어로 평가되어 제2차 세계대전 이전까지만 해도 국제적인 외교용어로 위세를 떨쳤으며, 지금도 각종 국제 기관이나 국제회의에서 공용어중 하나로 채택되고 있다. 앞으로 유럽이 단일 경제권으로 통합되면 불어의 지위는 더욱 중요해질 전망이다.

　계통적으로 보면, 로마제국의 통치하에 있던 지역에서 일반 대중들이 사용하던 민중 라틴어를 모체로 하여 지역적 차이나 다른 언어 (특히 게르만 언어)와의 접촉을 통해 형성되어진 언어로 후세에 아카데미 프랑세즈 등의 언어순화 운동에 의해 엄격하게 통제되고 다듬어진 언어이다.

　어순은 주어 - 동사 - 목적어의 순서이며, 명사는 남성/여성의 문법적인 성의 구별이 있으며, 동사는 주어의 인칭과 수에 따라 동사변화를 한다.

　프랑스인들의 불어에 대한 긍지는 대단하다. 외국 관광객이 불어를 몰라 영어로 물으면 영어를 알고 있으면서도 영어로 대답해주지 않는다는 말이 있을 정도이다. 그러나 호텔이나 음식점 등의 접객업소에서는 영어가 통용된다.

# 불어의 발음

　본서에서 모든 불어 표현은 그 발음을 한글로 표기해 두었지만 불어 발음의 기본을 어느정도 익힌다면 발음하기가 훨씬 쉬울 것이다. 또한 불어의 말소리와 우리말의 말소리는 그 체계가 다르기 때문에 우리말에서는 같은 소리로 느껴지는 것이 불어에서는 다른 두개의 소리일수 있으므로 주의해야 한다.

　강세에 있어서, 불어 단어의 액센트는 따로 없고, 다만 각 단어의 가장 뒷부분에 다른 부분보다 약간의 액센트를 더 주는 것이 일반적이다. 따라서 불어를 말할 때는 단어의 액센트에 그다지 신경을 쓸 필요가 없다.

　불어의 발음은 다음과 같다.
　모음:
a, à, â → 아
i, î, y → 이
u, û → 위(주의할 것은 우리말의 '위'처럼 발음하되 입모양을 둥글게해서 변화시키지 않은 상태로 발음해야 한다.)
ou, où → 우
e + 자음, é, è, ê, ai, ei → 에, 애
eu, oeu → 외(주의할 것은 우리말의 '외'처럼 발음하되 입모양을 둥글게해서 변화시키지 않은 상태로 발음해야 한다.)
o, ô, au, eau → 오

on, om → 옹(주의할 것은 우리말의 '옹'처럼 발음하되 입안의 앞쪽에서 발음하면서 동시에 콧소리를 함께 내야한다.

an, am, en, em → 앙(주의할 점은 위와 동일)

in, im, yn, ym, ain, ein → 엥(주의할 점은 위와 동일)

un, um → 앵(주의할 점은 위와 동일)

자음:

| | |
|---|---|
| t, th → ㄸ | d → ㄷ |
| p → ㅃ | b → ㅂ |

f, ph → ㅍ(주의할 점은 우리말의 'ㅍ'과는 달리 영어에서 처럼 윗니로 아랫 입술을 깨물듯 하다가 터뜨리면서 발음해야 한다.)

v → ㅂ(주의할 점은 상기와 동일. 특히 b(ㅂ)와 잘 구분해서 발음해야 한다.)

| | |
|---|---|
| s, c, ç, t, x → ㅆ | z, s, x → ㅈ |
| ch → 슈 | g, j → 쥬 |
| k, c, qu → ㄲ | g, gu → ㄱ |

r → ㄹ(주의할 점은 우리말의 'ㄹ'과 같은 발음이 아니고 목구멍 안쪽에서 내는 소리로 'ㅎ'소리에 가깝다.

l → ㄹ

m → ㅁ

n → ㄴ

gn → 니으(주의할 점은 하나의 소리이므로 입모양을 변화시키지 말고 고정한 채로 발음해야 한다.)

\* 단어의 마지막에 있는 자음글자는 발음하지 않는 경우가 많다.

12-13

# 주의사항 한마디

외국어는 귀에 익숙하지 않으면 좀처럼 알아듣기 힘들다. 그렇다고 미소로 얼버무리면 뜻밖의 오해를 일으킬 소지가 있다. 상대방이 물을 때는 「예, 아니오」로 분명하게 대답하는 것이 좋다.

무슨말인지 잘 못 알아들었을 때는 몇번을 되물어도 실례가 되지 않는다. 말이 통하지 않을 때는 상대방에게 실례가 되지 않는 범위에서 손짓이나 몸짓으로 의사를 전달할 수도 있다.

대답을 꼭 해야되는데도 말이 잘 나오지 않을 때는 입을 다물고 있는것보다는 우리말로라도 대답을 하는 것이 좋다. 혹은 이 책의 해당부분을 상대방에게 보여주는 것도 하나의 방법이다.

대부분의 경우 외국인이 그것도 동양인이 불어를 서투르게나마 써 줄때는 반가와하고 친절하게 대해주기 마련이다. 최소한의 인사말이나 "고맙습니다" 정도의 의례적인 말이라도 스스럼 없이 사용한다면 친밀감을 더 느낄 뿐 아니라 관계도 훨씬 부드러워질 것이다.

# 인사(만났을 때)

인사말에 남자에게는 Monsieur(머쓔), 결혼한 여자에게는 Madame(마담), 아가씨에게는 Mademoiselle(마드무와젤) 을, 친한 사이에는 이름을 인사말 뒤에 덧붙일 수 있다. 예를 들면 Bonjour, Monsieur! (봉쥬르 머쓔) Bonjour, Madame! (봉쥬르 마담)

---

### 안녕하세요? (아침, 낮 인사)

Bonjour!

봉쥬르

---

### 안녕하세요? (저녁 인사)

Bonsoir!

봉쑤와르

---

### 어떻게 지내십니까?

Comment allez-vous?

꼬망　　　　딸레 부

---

### 잘 지냅니다 (당신은요?)

Très bien, merci. (Et vous?)

트레 비엥 메르시　에 부↗

---

### 잘 지내요? (잘 아는 사이에)

Ça va?

싸 바↗

---

| | | |
|---|---|---|
| 제소개를 하겠습니다. | Je me présente. | 쥬 므 프레장뜨. |
| 제이름은 김입니다. | Je m'appelle Kim. | 쥬마뻴르 김. |
| 잘 지내요? | Comment ça va? | 꼬망 싸바? |
| 잘 지냅니다. | Ça va bien. | 싸바 비엥. |

## 잘 지내요.

Ça va.

싸 바

## 만나서 반갑습니다.

Enchanté.

앙샹떼

## 가족들은 안녕하십니까?

Comment va votre famille?

꼬망　　　　바 보트르 파미이으

## 모두 잘 있습니다. 감사합니다.

Tout le monde va bien, merci.

뚤　르　몽드　바 비엥 메르씨

## 하시는 일은 잘 되어갑니까?

Comment vont les affaires?

꼬망　　　봉　레　자패르

# 인사(헤어질 때)

아주 친한 친구 사이에는 만나
거나 헤어질 때 모두 Salut!
(쌀뤼)를 쓸 수 있다.

**안녕히 계세요/ 안녕히 가세요.**

**Au revoir!**

오 르부와르

**또 만나요!**

**A bientôt!**

아 비엥또

**내일 만나요!**

**A demain!**

아 드맹

**잠시후에 만나요!**

**A tout à l'heure!**

아 뚜 딸 뢰르

**하루 잘 보내세요!**

**Bonne journée!**

본느 쥬르네

| 나중에 또만나요. | A plus tard. | 아 쁠뤼 따르 |
| 다음주에 만나요. | A la semaine prochaine. | 알라 쓰맨느 프로섄느 |
| 행운을 빕니다. | Bonne chance. | 본느 샹쓰 |
| 안녕히 가세요. | Bon retour. | 봉 르뚜르 |

# 저녁 시간 잘 보내세요!
## Bonne soirée!
본느    쑤와레

# 좋은 주말 보내세요!
## Bon weekend!
봉    위껜드

# 휴가 잘 보내세요!
## Bonnes vacances!
본느    바깡쓰

# 여행 잘 하세요!
## Bon voyage!
봉    부와야쥬

# 안녕히 주무세요/ 잘자요!
## Bonne nuit!
본    뉘이

# 말걸기

질문을 하거나 말을 건네기 위해 상대방에게 접근할 때 Pardon! 대신 Excusez-moi (엑쓰뀌제 무와)나 S'il vous plaît (씰 부 쁠래)를 사용할 수도 있다.

실례합니다. / 말씀 좀 묻겠습니다.

Pardon!

빠르동

여보세요! (식당, 호텔 등에서 종업원을 부를 때)

Monsieur, s'il vous plaît! (남자에게)

머쓔 씰 부 쁠래

Madame, s'il vous plaît! (나이든 여자에게)

마담 씰 부 쁠래

Mademoiselle, s'il vous plaît! (아가씨에게)

마드무와젤 씰 부 쁠래

여보세요! (아무도 보이지 않을 때)

Il y a quelqu'un?

일리아 껠깽↗

여보세요! (전화에서)

Allô!

알로

# 질문

모르는 것이 있을때는 그냥 넘어가지 말고 적극적으로 물어보는 것
이 좋다. 질문을 할때는 앞에 있는 말걸기 때의 표현을 사용해서
우선 상대방의 주의를 끄는 것이 좋다.

---

이것은 무엇입니까?

Qu'est-ce que c'est?

께쓰         끄 쎄

---

누구세요? (문 밖에 누가 왔을 때)

Qui est-ce?

끼   에 쓰

---

화장실이 어디에 있습니까?

Où sont les toilettes?

우   쏭   레   뚜왈레뜨

---

몇 시입니까?

Quelle heure est-il?

껠       뢰르 에 띨

---

누구십니까? (이름이 무엇입니까?)

Comment vous appelez-vous?

꼬망       부   자뻴레   부

---

| 어디? | Où? | 우 |
| 언제? | Quand? | 깡 |
| 얼마나? | Combien? | 꽁비엥 |
| 왜? | Pourquoi? | 뿌르구와 |

## 나이는 몇 살입니까?

Quel âge avez-vous?

껠 아쥬 아베 부

## 영어를 할 줄 압니까?

Vous parlez anglais?

부 빠를레 앙글레↗

## 괜찮습니까?

Vous allez bien? / Ça va?

부 잘레 비엥↗ 싸 바↗

## 이해하시겠습니까?

Comprenez-vous?

꽁프르네-부↗

## 무슨 일입니까?

Qu'est-ce qui se passe?

께-쓰 끼 쓰 빠쓰

# 대답

대답을 할 때는 의사 표시를 분명히 해야한다. 그냥 미소로 떼우거나 얼버무릴려고 해서는 안된다. 그럴 경우 상대방이 자신을 비웃는다고 오해를 할 소지가 많다. 모르면 모른다, 알면 안다는 의사 표시를 언어를 통해 명확하게 전달해야 좋은 인상을 줄 수 있다.

## 예.
Oui.

위

## 아니오.
Non.

농

## 좋습니다. (동의)
D'accord!

다꼬르

## 알겠습니다.
Je comprends.

쥬 꽁프랑

## 잘 이해를 못하겠는데요.
Je ne comprends pas.

쥬 느 꽁프랑     빠

| | | |
|---|---|---|
| 대단히 감사합니다. | Merci beaucoup. | 메르씨 보꾸 |
| 별요, 아무것도 아닙니다. | De rien. | 드 리엥 |
| 괜찮습니다. | Je vous en prie. | 쥬부 장 프리 |
| 제 잘못입니다. | C'est ma faute. | 쎄 마 포뜨 |

## 모르겠습니다.

Je ne sais pas.

쥬 느 쌔 빠

## 뭐라고 하셨어요? (잘 못 들었을 경우)

Pardon? / Comment?

빠르동↗    꼬망↗

## 괜찮습니다(상대방이 실수를 했을 때).

Ce n'est pas grave.

쓰 네    빠  그라브

## 천만의 말씀입니다.

Je vous en prie.

쥬 부   장 프리

## 한번만 더 말씀해 주십시오 (잘 알아듣지 못했을 때).

Répétez, s'il vous plaît.

레뻬떼    씰 부  쁠래

# 감사

감사의 표시는 아무리 많이해도 지나치는 법이 없다. 간단한 표현으로도 감사를 나타낼 수 있다. 항상 누군가가 자기를 위해 아무리 사소한 일이라도 해주었을때는 반드시 감사하다고 말하는 것이 프랑스에서의 상례이다.

### (대단히) 감사합니다!
Merci (beaucoup)!
메르씨 (보꾸)

### 고맙습니다.
Je vous remercie.
쥬 부 르메르씨

### 도와주셔서 감사합니다.
Merci pour votre aide.
메르씨 뿌르 보트르 애드

### 이 모든 일에 감사드립니다.
Merci pour tout!
메르씨 뿌르 뚜

### 천만에요!
De rien!
드 리엥

| 천만에요. | A votre service. | 아 보트르 쎄르비쓰 |
|---|---|---|
| 천만에요. | De rien. | 드 리엥 |
| 천만에요. | Il n'y a pas de quoi! | 일 니 아 빠 드 꾸와 |
| 천만에요. | Je vous en prie. | 쥬 부 장 프리 |

## 천만의 말씀입니다!
Je vous en prie!
쥬 부 장 프리

## 참 친절하시군요!
Vous êtes très gentil!
부 제뜨 트레 쟝띠

## 환영해 주셔서 감사합니다.
Merci de votre accueil.
메르씨 드 보트르 아꿰이으

## 환대에 감사합니다.
Merci de votre hospitalité.
메르씨 드 보트르 오쓰삐딸리떼

## 기꺼이!
Avec plaisir!
아베끄 쁠래지르

# 사과

지하철등 복잡한 곳에서 본의 아니게 다른 사람과 부딪혔을때는
반드시 미안하다는 말을 해야한다. 그리고 지하철이나 버스에서
내릴때는 앞에있는 사람을 밀지 말고 'pardon' 이라고 말하면 비
켜준다.

**죄송합니다.**

Excusez-moi! / Pardon!

엑쓰뀌제-무아 / 빠르동

---

**괜찮습니다 (사과의 말에 대해).**

Ce n'est pas grave! / Ce n'est rien!

쓰 네 빠 그라브 / 쓰 네 리엥

---

**천만의 말씀입니다.**

Je vous en prie!

쥬 부 장 프리

---

**미안합니다.**

Je suis désolé!

쥬 쒸 데졸레

---

**걱정하지 마세요!**

Ne vous en faites pas!

느 부 장 패뜨 빠

| 죄송합니다. | Je m'excuse | 쥬 멕쓰뀌즈 |
|---|---|---|
| 정말 죄송합니다. | Je suis vraiment desole! | 쥬 쒸 브래망 데졸레 |
| 용서하십시오. | Pardonnez-moi! | 빠르도네-무와 |
| 할 수 없지요! | Tant pis! | 땅 삐 |

**용서하세요.**

Je vous demande pardon.

쥬 부 드망드 빠르동

**제 잘못입니다.**

C'est ma faute.

쎄 마 포뜨

**늦어서 죄송합니다.**

Excusez-moi d'être en retard.

엑쓰뀌제-무아 데트르 앙 르따르

**방해해서 미안합니다.**

Excusez-moi de vous déranger.

엑쓰뀌제-무아 드 부 데랑줴

**좀 바빠서요.**

Je suis pressé.

쥬 쒸 프레쎄

# 축하, 기원

축하나 기원을 할 일이 있을때는
그냥 미소만 짓고 있는 것 보다는
다음의 표현들을 사용하여 한마
디라도 하는 것이 예의이다.

축하합니다!

Félicitations!

펠리씨따씨옹

---

훌륭하십니다. / 정말 굉장했습니다.

Bravo!

브라보

---

수고하세요!

Bon courage!

봉　　꾸라쥬

---

즐겁게 지내세요!

Amusez-vous bien!

아뮈제-부　　　비엥

---

(파리에 오신 것을) 환영합니다!

Bienvenue (à Paris)!

비엥브뉘　　(아 빠리)

| 잘 했습니다! | Excellent! | 엑쎌랑 |
| 축하합니다! | Je vous félicite. | 쥬부 펠리씨뜨 |
| 조의를 표합니다. | Toutes mes condoléances. | 뚜뜨 메 꽁돌레앙쓰 |
| 행운을 빕니다. | Bonne chance. | 본느 샹쓰 |

## 메리 크리스마스!

Joyeux Noël!

쥬와예　노엘

## 새해 인사

Bonne année!

본　아네

## 생일을 축하합니다!

Bon anniversaire!

본　아니베르쌔르

## 건배!

A votre santé!

아 보트르 쌍떼

## 맛있게 드십시오 (식사시)!

Bon appétit!

본　아뻬띠

# 부탁

어려운 일이 있을때는 혼자만 해결하
려 하지말고 상황을 보아 도움을 청
하는 것이 좋다.

한번 더
말쓰해주세요

---

한번 더 말씀해주세요.

Répétez, s'il vous plaît.

레뻬떼   씰   부   쁠래

---

좀 도와주십시오.

Pouvez-vous m'aider, s'il vous plaît?

뿌베-부      매데   씰   부   쁠래↗

---

기다리세요!

Attendez!

아땅데

---

서두르세요! / 빨리 하세요!

Dépêchez-vous!

데뻬쉐-부

---

귀찮게 굴지 마세요!

Laissez-moi tranquille!

래쎄-무아      트랑낄

---

| 불이야! | Au feu! | 오 푀 |
| 경찰 | la police | 라 뽈리쓰 |
| 의사 | un médecin | 엥 메드쌩 |
| 의사를 불러주세요. | Appelez un médecin | 아쁠레 엥 메드쌩 |

## 저리 비키세요!
### Allez-vous en!
알레-부　　장

## 도둑이야!
### Au voleur!
오　볼뢰르

## 살려주세요!
### Au secours!
오　쓰꾸르

## 여권을 잃어버렸습니다.
### J'ai perdu mon passeport.
줴　뻬르뒤　몽　빠쓰뽀르

## 통역이 필요합니다.
### Il me faut un interprète.
일 므 포　앵 엥떼르프레뜨

# 일반 프랑스인과의 대화

# 주의사항 한마디

   우리나라 사람들은 초면부터 너무 개인적인 질문을 많이 하는 경향이 있는데 프랑스인들은 이러한 것을 매우 싫어합니다. 프랑스인들은 초면부터 사생활에 대해 너무 알고 싶어 하는 사람을 경박하거나 교양이 없다고 생각합니다. 예를 들어 한국 사람들끼리는 초면부터 흔히 할 수 있는 다음과 같은 질문들은 프랑스인들에게는 실례가 될 수 있습니다.

   결혼하셨어요?

   아이는 몇 명입니까?

   남편의 직업이 무엇입니까?

   부모님 직업은 무엇입니까? 등등.

   꼭 알아야 할 경우, "실례입니다만…" (je m'excuse, mais… 쥬 멕쓰뀌즈, 매…) 등의 표현을 미리 써서 될 수 있으면 완곡하게 질문하는 것이 좋습니다. 아니면 간접적으로 우회해서 알고 싶은 것을 묻도록 해야 합니다.

# 처음 만났을 때

프랑스에서는 잘아는 사람끼리 입을
맞추면서 인사하는 것이 상례이다.
그러나 처음 만나는 경우나 외국 사
람인 경우는 악수를 해도 무방하다.

안녕하십니까?

Bonjour!

봉쥬르

어떻게 지내십니까? (처음 뵙겠습니다)

Comment allez-vous?

꼬망        딸레-부

잘 지냅니다. 당신은요?
(처음 만난 사람이 위와 같이 인사를 할 때의 답례)

Très bien, merci. Et vous?

트레 비엥  메르씨 에  부↗

(만나서) 반갑습니다.

Enchanté (de vous connaître)!

앙샹떼      (드  부  꼬내트르)

저도 그렇습니다.

Moi de même.

무아 드 멤므

# 자기소개

자신을 소개 할때는 적어도 이름·국적·직업·신분 등을 포함시키는 것이 좋다.

---

### 제 소개를 하겠습니다.

Je me présente.

쥬 므  프레장뜨

### 제 이름은 김길동입니다.

Je m'appelle Kim Kil-dong.

쥬  마뻴르  김  길  동

### 저는 한국에서 왔습니다.

Je suis de la Corée.

쥬 쒸 들 라  꼬레

### 저는 한국 사람(여자)입니다.

Je suis Coréen (Coréenne).

쥬 쒸  꼬레엥  (꼬레엔느)

### 저는 불어를 못합니다.

Je ne parle pas français.

쥬 느 빠를르 빠  프랑쌔

| 의사 | médecin | 메드쌩 |
| 선생 | professeur | 프로페쏘르 |
| 기자 | journaliste | 쥬르날리쓰뜨 |
| 사업가 | homme d'affaire | 옴므다패르 |

# 저는 학생입니다.

Je suis étudiant.

쥬 쒸 에뛰디앙

# 저는 'X' 호텔에 묵고 있습니다.

J'habite à l'hôtel 'X'.

쟈비뜨 아 로뗄 'X'

# 저는 30살입니다.

J'ai trente (30) ans.

줴 트랑 땅

# 저는 영어를 조금 합니다.

Je parle un peu anglais.

쥬 빠를르 앵 쁘 앙글래

# 저는 기혼입니다.

Je suis marié.

쥬 쒸 마리에

# 상대방에 대해서

질문은 명확하고 솔직하게, 그
러면서 상대방에게 실례가 되
지 않도록 각별히 신경을 써야
합니다.

---

## 프랑스 사람(여자)입니까?

Vous êtes Français (Française)?

부    제뜨 프랑쎄    (프랑쎄즈) ↗

---

## 이름이 무엇입니까?

Comment vous appelez-vous?

꼬망    부    자쁠레-부

---

## 한국어를 할 줄 압니까?

Vous parlez coréen?

부    빠를레 꼬레엥 ↗

---

## 한국을 아십니까?

Vous connaissez la Corée?

부    꼬내쎄    라 꼬레 ↗

---

## 직업이 무엇입니까?

Qu'est-ce que vous faites?

께-쓰    끄 부    패드

---

| 미국인 | Américain | 아메리껭 |
|---|---|---|
| 영국인(어) | Anglais | 앙글래 |
| 독일인(어) | Japonais | 쟈뽀내 |
| 일본인(어) | Allemand | 알르망 |

## 어디에서(어느 나라에서) 오셨습니까?

D'où êtes-vous?

두　　에뜨-부

## 어디에서 사십니까 (머물고 계십니까)?

Où habitez-vous?

우　아비떼-부

## 몇 살입니까?

Quel âge avez-vous?

껠　아쥬 아베-부

## 스포츠를 좋아하십니까?

Vous aimez les sports?

부　　재메　레　쓰뽀르↗

## 학생이세요?

Vous êtes étudiant?

부　　제뜨 에뛰디앙↗

**상대방에 대해서**

# 날씨에 대하여

초면에 분위기가 어색하거나
특히 할 말이 없는 경우 날씨
를 화제에 올리면 자연스러워
질 수 있다.

---

**날씨가 어떻습니까?**

Quel temps fait-il?

껠    땅   패-띨

**날씨가 좋습니다.**

Il fait beau.

일 패  보

**날씨가 나쁩니다.**

Il fait mauvais.

일 패  모배

---

**비가 옵니다.**

Il pleut.

일 쁠뢰

**눈이 옵니다.**

Il neige.

일 네쥬

---

| 날씨가 화창합니다 | Il fait du soleil. | 일 패 뒤 솔레이으 |
| 봄 | le printemps | 르 프랭땅 |
| 가을 | l'automne | 로똔느 |
| 겨울 | l'hiver | 리베르 |

## 바람이 붑니다.
Il fait du vent.
일 패 뒤 방

## 안개가 끼었습니다.
Il fait du brouillard.
일 패 뒤 브루이야르

## 나는 여름을 좋아합니다.
J'aime l'été.
쥄므 레떼

## 날씨가 덥습니다.
Il fait chaud.
일 패 쇼

## 날씨가 춥습니다.
Il fait froid.
일 패 프루와

**날씨에 대하여**

# 가족사항

가족에 대한 것은 사생활에 대한것이므로 개인적으로 친해졌을때 혹은 꼭 필요한 경우에만 물어보아야 한다.

---

## 결혼하셨습니까?

Vous êtes marié ?

부　제뜨 마리에／

---

## 아니오, 독신입니다.

Non, je suis célibataire.

농　쥬 쒸　쎌리바때르

---

## 아이가 있습니까?

Vous avez des enfants?

부　자베 데 장팡／

---

## 둘입니다; 아들 하나 딸 하나요.

J'ai deux enfants; un garçon et une fille.

줴 되　장팡　앵 갸르쏭 에 윈느 피이으

---

## 부모님은 어디에서 사십니까?

Où habitent vos parents?

우　아비뜨 보 빠랑

---

| 아버지, 어머니 | père, mère | 뻬르, 메르 |
| 남자형제, 여자형제 | frère, sœur | 프레르, 쐬르 |
| 할아버지, 할머니 | grand-père, grand-mère | 그랑-뻬르, 그랑-메르 |
| 아들, 딸 | fils, fille | 피쓰, 피이으 |

## 남매가 몇 명입니까?

Combien de frères et de sœurs avez-vous?

꽁비엥　드 프레르 에 드　쐬르　아베-부

## 형제 둘과 누이 하나 있습니다.

J'ai deux frères et une sœur.

줴　되　프레르 에 윈느 쐬르

## 김씨는 나의 가까운 친척입니다.

Monsieur Kim est un de mes proches parents.

머쓔　김 에 앵 드 메　프로슈　빠랑

## 그는 내 사촌입니다.

Il est mon cousin.

일 에 몽 꾸쟁

## 이 사람은 제 아내입니다.

C'est ma femme.

쎄　마 팜므

**가족사항**

# 헤어질때

헤어질때 사용하는 인사말은 매우 다양하다. 상대방의 상황이나 다음번 만날때 등을 고려하여 다음에 있는 표현들을 적절하게 사용하면 좋을 것이다.

---

### 안녕히 가세요.
Au revoir.
오 르부와르

### 또 만나요.
A bientôt.
아 비엥또

### 내일 만나요.
A demain.
아 드맹

### 잠시 후에 만나요.
A tout à l'heure.
아 뚜 딸 뢰르

### 월요일날 만나요.
A lundi!
아 랭디

---

| | | |
|---|---|---|
| 월요일 | lundi | 랭디 |
| 화요일 | mardi | 마르디 |
| 수요일 | mercredi | 메르크르디 |
| 목요일 | jeudi | 줴디 |

## 5시에 만나요.

A cinq (5) heures!

아　쌩　꾀르

## 저녁 시간 잘 보내세요.

Bonne soirée.

본느　쑤와레

## 주말 잘 보내세요.

Bon week-end.

봉　위껜드

## 여행 잘 하세요!

Bon voyage!

봉　부와야쥬

## 안녕히 주무세요!

Bonne nuit!

본　뉘이

| 금요일 | vendredi | 방드르디 |
|--------|----------|---------|
| 토요일 | samedi | 싸므디 |
| 일요일 | dimanche | 디망슈 |
| 일주일 | semaine | 쓰맨느 |

## 수고하세요.

Bon travail.

봉 트라바이으

## 나중에 만나요.

A plus tard.

아 쁠뤼 따르

## 하루 잘 보내세요!

Bonne journée!

본느 　쥬르네

## 다음주에 만나요.

A la semaine prochaine.

알 라 쓰맨느 　프로섄느

## 안녕히 가세요.

Bon retour.

봉 　르뚜르

# 도착까지

# 주의사항 한 마디

### 시차:

　한국과 프랑스의 시차는 8시간이다. 파리가 8시간 늦으므로 우리나라의 오전 10시는 파리의 새벽 2시가 된다. 따라서 한국에서 파리로 갈 때는 시계를 8시간 앞으로 당겨 놓으면 된다. 그리고 4월에서 9월까지는 섬머타임을 적용하므로 시차는 7시간이 된다.

### 입국절차:

　샤를르 드골 공항의 경우, 비행기에서 내리면 공항 중앙의 거대한 10층 짜리 청사까지는 에스컬레이터식 복도로 이동한다. 도착 로비는 청사 4층 (지상 2층)에 있으며, 이 로비에 출입국 검사장이 있다. 출입국 검사장에서 여권과 함께 입국카드에 필요한 사항을 적어서 내면된다. 체재기간이 3개월 이내이면 비자는 필요없다. 입국심사가 끝나면 에스컬레이터를 타고 5층으로 올라가서 짐을 찾는다. 짐을 찾은 후에는 세관검사를 하는데 세관검사는 까다롭지 않은 편이다.

### 환전:

　외국통화나 여행자수표는 공항과 철도 주요역의 환전소나 은행, 호텔 등에서 환전할 수 있는데, 환전소마다 환전율이 조금씩 다르므로 은행에서 환전하는 것이 유리한 경우가 많다.

# 기내에서

불란서 사람에게 처음 접근할 때는 유창한 영어보다 서툰 불어가 유리합니다. 영어를 잘하는 불란서 사람에게라 할지라도 마찬가지입니다. 짧은 말 한 마디라도 불어로 쓰도록 해보십시오.

---

**실례합니다. (스튜어디스를 부르기 위해)**

S'il vous plaît!

씰 부 쁠래

---

**물 좀 주십시오.**

De l'eau, s'il vous plaît!

들 로 씰 부 쁠래

---

**기분이 좋지 않습니다 (속이 좀 이상합니다).**

Je me sens mal.

쥬 므 쌍 말

---

**멀미가 납니다.**

J'ai le mal de l'air.

줴 르 말 들 래르

---

**언제 파리에 도착합니까?**

Quand arrive-t-on à Paris?

깡 아리브-똥 아 빠리

---

| 커피 | du café | 뒤 까페 |
| 오렌지쥬스 | du jus d'orange | 뒤 쥐 도랑쥬 |
| 위스키 | du whisky | 뒤 위쓰끼 |
| 신문 | un journal | 앵 쥬르날 |

## 이 자리에 앉아도 괜찮습니까?

Puis-je prendre cette place?

쀠-쥬   프랑드르   쎄뜨   쁠라쓰↗

## 담배를 피워도 괜찮겠습니까?

Puis-je fumer?

쀠-쥬   퓌메↗

## 안전벨트를 착용하시기 바랍니다.

Attachez vos ceintures, s'il vous plaît

아따쉐   보   쌩뛰르   씰   부   쁠레

## 좌석을 바로 세워 주십시오.

Redressez vos fauteuils.

르드레쎄   보   포떼이으

## 좌석을 바꾸고 싶습니다.

Je voudrais changer de place.

쥬   부드래   샹줴   드   쁠라쓰.

# 입국, 세관

소지품 검사는 신고할 것이 있는 사람만 하게된다. 따라서 신고할 것이 없으면 머뭇거리지 말고 출구로 나가면 된다. 단 세관원이 부를 경우에는 검사에 응해야 한다.

---

**여권을 보여주십시오.**

Votre passeport, s'il vous plaît.

보트르 빠쓰뽀르 씰 부 쁠래

---

**제 여권 여기에 있습니다.**

Voici mon passeport.

부와씨 몽 빠쓰뽀르

---

**여행 목적이 무엇입니까?**

Quel est le but de votre voyage?

껠 에 르 뷔뜨드 보트르 부와야쥬

---

**관광입니다.**

Pour faire du tourisme.

뿌르 패르 뒤 뚜리씀

---

**신고하실 물건이 있습니까?**

Vous avez quelque chose à déclarer?

부 자베 껠끄 쇼즈 아 데끌라레↗

---

| | | |
|---|---|---|
| 사업차 왔습니다. | Je suis en voyage d'affaires. | 쥬 쒸 앙 부와야쥬 다페르 |
| 휴가를 보내러 왔습니다. | Je suis en vacances. | 쥬 쒸 앙 바깡쓰 |
| 일주일 | une semaine | 윈느 쓰맨느 |
| 한달 | un mois | 앵 무와 |

## 아니오, 없습니다.

Non, rien à déclarer.

농　리엥 아 데끌라레

## 내가 사용하는 물건들입니다.

Ce sont mes affaires personnelles.

쓰　쏭　메　자패르　뻬르쏘넬

## 그것은 선물들입니다.

Ce sont des cadeaux.

쓰　쏭　데　꺄도

## 얼마나 체류하실 예정입니까?

Vous restez combien de temps?

부　레쓰떼　꽁비엥　드　땅

## 일주일간 체류할 예정입니다.

Je reste ici une semaine.

쥬 레쓰뜨잇씨 윈느 쓰맨느

# 환 전

유로 단위에서 지폐는 5, 10, 20, 50 유로가 있고 동전은 1, 2, 5, 10, 20, 50 센트와 1, 2유로가 있습니다.

---

환전소가 어디에 있습니까?

Où est le bureau de change?

우  에르  뷔로  드  샹쥬

---

실례합니다. 환전하러 왔는데요.

Pardon, je voudrais changer.

빠르동  쥬  부드래  샹줴

---

50 유로짜리 지폐로 주세요.

Je voudrais des billets de 50 Euro.

쥬  부드래  데  비이예  드  쌩깡뜨  유로

---

잔돈으로 주십시오.

Je voudrais de la petite monnaie.

쥬  부드래  들  라  쁘띠뜨  모내

---

여행자 수표를 바꿀 수 있습니까?

Je peux changer des chèques de voyage?

쥬  쁴  샹줴  데  셰끄  드 부와야쥬↗

| 현금으로 | en espèce | 앙 에쓰뻬쓰 |
| --- | --- | --- |
| 수표 | des chèques | 데 쉐끄 |
| 동전 | des pièces | 데 삐에쓰 |
| 지폐 | des billets | 데 비이예 |

### 프랑 (프랑스 화폐이름) 화로 주십시오.

En francs, s'il vous plaît!

앙 프랑 씰 부 쁠레

### 10유로를 잔돈으로 바꿀 수 있을까요?

Vous avez la monnaie de 10 Euro?

부 자베라 모내 드 디 유로

### 달러로 주십시오.

En dollars, s'il vous plaît.

앙 돌라르 씰 부 쁠레

### 달러의 시세가 어떻습니까?

Quel est le cours du dollar?

껠 에 르 꾸르 뒤 돌라르

### 이 돈 좀 바꾸어 주시겠습니까?

Pouvez-vous me changer cet argent?

뿌베-부 므 샹줴 쎄 따르쟝↗

# 짐을 찾지 못했을 때

비행기에 짐이 실리지 않거나 또는 잘못실려 도착지에서 짐을 찾을 수 없을 경우 당황하지 말고 우선 공항 카운터에 가서 알아보는 것이 좋다.

---

## 짐을 못 찾았습니다.

Je ne trouve pas mes bagages.

쥬 느 트루브 빠 메 바가쥬

---

## 가방이 하나 없습니다.

Il me manque une valise.

일 므 망끄 윈느 발리즈

---

## 어디에 신고를 해야합니까?

Où est-ce que je dois déclarer?

우 에-쓰 끄 쥬 두와 데끌라레

---

## 짐을 찾아 주시겠습니까?

Pouvez-vous trouvez mes bagages?

뿌베-부 트루베 메 바가쥬 ↗

---

## 프랑스 항공(에어 프랑스) 카운터는 어디에 있습니까?

Où est le comptoir de l'AIR FRANCE?

우 에 르 꽁뚜와르 들 래르 프랑스

---

# 공항에서 시내까지

파리의 경우 공항에서 시내로 나오는데 이용할 수 있는 교통수단은 택시, 리무진 버스, 고속전철(RER) 등이 있다. 짐이 많은 경우 택시를 타는 것이 좋고, 짐이 적을 경우 리무진 버스나 특히 고속전철을 타는 것이 좋다.

---

## 택시 정류장은 어디에 있습니까?

Où est la station de taxi?

우 에 라 쓰따씨옹 드 딱씨

## 힐튼 호텔로 갑시다 (택시 기사에게).

(Conduisez-moi) à l'hôtel Hilton, s'il vous plaît.

(꽁뒤제-무아) 아 로뗄 힐튼 씰 부 쁠래

## 리무진 버스는 언제 출발합니까?

Quand part l'autocar?

깡 빠르 로또까르

## 얼마입니까?

C'est combien?

쎄 꽁비엥

## 파리까지 두장 주세요 (고속전철 표 살 때).

Deux billets pour Paris, s'il vous plaît.

되 비이예 뿌르 빠리 씰 부 쁠래

# 호텔에서

# 주의사항 한마디

프랑스 전국의 숙박 시설은 매우 잘 되어 있다. 프랑스에서는 별의 숫자로 호텔의 등급을 매긴다. 보통 여행객으로서 숙박료가 적당하고 가정적인 분위기에서 묵으려면 별 3개나 별 2개 정도의 호텔이 적당하다.

## 예약:

직접 호텔을 방문하여 미리 예약할 경우 선금을 요구하는 경우가 있다. 이 경우 지불한 선금에 대한 영수증을 준다. 전화로 예약한 경우, 저녁 7시 이전에 도착하여야 한다. 이보다 더 늦을 경우 예약이 호텔 측에 의해 취소되어 다른 손님에게 방이 돌아갈 수도 있다.

## 가격:

호텔 가격은 호텔의 종류에 따라 다르다. 각 호텔마다 호텔 외부나 로비에 그리고 객실 내부에 가격이 게시되어 있다. 식당을 겸비한 호텔이 많은데 이러한 호텔에서는 아침 식사를 제공하고 객실 사용료에 추가로 포함시키기도 하는데, 이는 의무적이 아니고 체크인을 할 때 반드시 손님에게 의향을 물어보게 되어있다.

## 프랑스 호텔 안내 책자:

국내에서 출판된 것이외에 프랑스에서 출판된 불어 또는 영어로된 호텔 안내 책자로는 Guide du routard, Logis de France, Guide Michelin 등이 있다.

기타 호텔 등의 숙소나 관광에 대한 자세한 문의 사항은 관광 안내소 (Office du tourisme)로 하면된다. 파리 관광 안내소의 주소와 전화번호는 다음과 같다.

L'Office du Tourisme de Paris; 127, Champs-Elysées, Paris 8 ème

Tel: 47,23,61,72

**주의사항 한마디**

# 체크인

호텔의 후론트는 여러가지 기능을 가지고 있다. 먼저 호텔에 도착하면 후론트에서 체크인을 해야한다. 큰 호텔 외에는 대개 주인이나 계원 혼자 후론트 접수대에 앉아 있는 경우가 많다. 별 3개 이상의 호텔에는 영어를 할 줄 아는 직원이 반드시 있다. 귀중품은 호텔 보관함에 맡기는 것이 좋다.

---

방을 예약했습니다.

J'ai réservé une chambre.

쥐 레제르베 윈느 샹브르

---

방이 있습니까?

Vous avez une chambre?

부 자베 윈느 샹브르↗

---

오늘 하루 묵으려는데 방이 있습니까 (1박)?

Vous avez une chambre pour une nuit?

부 자베 윈느 샹브르 뿌르 윈느 뉘이↗

---

방을 예약하고 싶은데요.

Je voudrais réserver une chambre.

쥬 부드래 레제르베 윈느 샹브르

---

방이 없습니다 (호텔이 꽉 찼습니다).

L'hôtel est complet.

로뗄 에 꽁쁠레

---

| | | |
|---|---|---|
| 호텔 | l'hôtel | 로뗄 |
| 후론트 | réception | 레쎕씨옹 |
| 엘리베이터 | ascenseur | 아쌍쐐르 |
| 열쇠 | clé | 끌레 |

## 목욕탕이 딸린 2인용 방을 주세요.

Je voudrais une chambre pour deux personnes avec salle de bain.

쥬 부드래 윈느 샹브르 뿌르 되 뻬르쏜느 아벡 쌀 드 뱅

## 방을 한번 보고 싶은데요.

Je voudrais voir la chambre (s'il vous plaît).

쥬 부드래 부와르 라 샹브르 ( 씰 부 쁠래 )

## 전망이 좋습니까?

La vue est belle?

라 뷔 에 벨르↗

## 방값은 얼마입니까?

C'est combien? / Quel est le tarif?

쎄 꽁비엥 / 깰 에 르 따리프

## 아침 식사가 객실료에 포함되어 있습니까?

Le petit déjeuner est compris?

르 쁘띠 데쥬네 에 꽁프리↗

| | | |
|---|---|---|
| 2박 | pour deux nuits | 뿌르 되 뉘이 |
| 3박 | pour trois nuits | 뿌르 트루와 뉘이 |
| 트윈룸 | une chambre à deux lits | 윈느 샹브르 아 되 리 |
| 싱글룸 | une chambre à un lit | 윈느 샹브르 아 앵 리 |

## 방이 마음에 듭니다.
Ça me plaît.

싸 므 쁠래

## 방이 마음에 들지 않습니다.
Cette chambre ne me plaît pas.

쎄뜨 샹브르 느 므 쁠래 빠

## 방은 몇 층에 있습니까?
C'est à quel étage?

쎄 아 껠 에따쥬

## 호텔은 몇 시까지 엽니까?
C'est ouvert jusqu' à quelle heure?

쎄 뚜베르 쥐스까 껠 뢰르

## 얼마동안 계실겁니까?
C'est pour combien de jours?

쎄 뿌르 꽁비엥 드 쥬르

# 룸 서비스

대부분의 호텔에는 아침을 먹을 수 있는 식당이 있어 식당에서 식사를 할 수 있다. 또한 후론트에 주문하면 아침 식사의 경우 식당에 내려가지 않고 룸서비스를 받아 방에서 먹을 수 있다.

---

여기는 15호실인데요 (전화에서).

Ici, la chambre 15.

이씨 라 샹브르 깽즈

---

벼개 하나 더 주세요.

Un autre oreiller, s'il vous plaît.

앵 노트르 오레이예 씰 부 쁠래

---

세탁을 부탁합니다.

Vous pouvez donner ceci à nettoyer?

부 뿌베 도네 쓰씨 아 네뚜와예 ↗

---

내일 아침 6시에 깨워주십시오.

Réveillez-moi demain matin à six heures, s'il vous plaît.

레베이예-무아 드맹 마땡 아 씨 쾨르 씰 부 쁠래

---

방에서 식사할 수 있을까요?

On peut être servi dans la chambre?

옹 뾔 에트르 쎄르비 당 라 샹브르 ↗

---

# 호텔에서 부닥칠 문제들

호텔에서 여러가지 문제들이 생길 수 있다. 이때는 호텔 후론트에 연락을 해서 해결하는 것이 좋다.

---

## 방에다 열쇠를 두고 왔는데요.

J'ai oublié la clef dans ma chambre.

쥬 우블리에 라 끌레 당 마 샹브르

---

## 물이 따뜻하지 않습니다.

L'eau n'est pas chaude.

로 네 빠 쇼드

---

## 난방이 안됩니다 (난방장치가 고장났습니다).

Le chauffage est en panne.

르 쇼파쥬 에 땅 빤느

---

## 방이 너무 시끄럽습니다.

Ma chambre est trop bruyante.

마 샹브르 에 트로 브뤼양뜨

---

## 방을 바꾸고 싶습니다.

Je voudrais changer de chambre.

쥬 부드래 샹줴 드 샹브르

---

| | | |
|---|---|---|
| 지배인 | le directeur | 르 디렉뙤르 |
| 의사 | un médecin | 앵 메드쌩 |
| 텔레비전 | la télévision | 라 뗄레비지옹 |
| 냉장고 | le réfrigérateur | 르 레프리제라뙤르 |

## 화장실이 막혔습니다.

L'eau des toilettes ne coule pas.

로 　　데 뚜왈레뜨 느 꿀르 빠

## 수건이 없는데요.

Il n'y a pas de serviette.

일 니 아 빠 드 쎄르비에뜨

## 전등이 나갔습니다.

L'ampoule est grillée.

랑뿔 　　　　에 그리예

## 전화가 고장입니다.

Le téléphone ne marche pas.

르 　뗄레폰 　느 막슈 　빠

## 식당은 몇 시에 엽니까?

Le restaurant ouvre à quelle heure?

르 　레쓰또랑 우브르 아 깰 　뢰르

**호텔에서 부닥칠 문제들**

# 체크아웃

체크아웃은 열쇠를 후론트에 돌려주면서 요금을 계산한다. 계산 시간은 정오가 일반적인데, 호텔에따라 다를 수도 있으므로 사전에 물어서 미리 확인해 두는 것이 좋다.

---

## 내일 아침 7시쯤 떠날 겁니다.

Je pars demain matin vers 7 heures.

쥬 빠르 드맹 마땡 베흐쎄 뙈르

---

## 몇 시에 방을 비워야 합니까?

A quelle heure faut-il libérer la chambre?

아 깰 뢰르 포-띨 리베레 라 샹브르

---

## 계산서 주세요.

La note, s'il vous plaît!

라 노뜨 씰 부 쁠래

---

## 택시를 불러주세요.

Appelez-moi un taxi, s'il vous plaît.

아쁠레-무아 앵 딱씨 씰 부 쁠래

---

## 이 짐 좀 보관해 주시겠습니까?

Vous pouvez garder ce bagage?

부 뿌베 갸르데 쓰 바갸쥬↗

---

# 교통

# 주의사항 한마디

## 대중 교통 수단:

불란서의 주된 대중 교통 수단은 지하철과 버스와 기차인데, 이들 대중 교통 수단이 매우 발달되어 있어 택시를 이용하지 않더라도 불편한 점이 거의 없다. 특히 파리의 경우 교외로 연결되는 고속 전철을 포함하여 지하철이 16개 노선이나 있다. 따라서 버스와 지하철 노선이 상세히 기록된 지도 한장이면 도시의 구석 구석을 다닐 수 있다. 노선 지도는 서점 뿐만 아니라 호텔이나 유명 관광지에서 쉽게 구할 수 있으며 공항의 안내소에서도 구할 수 있다. 대부분의 경우 이러한 지도는 무료로 배포한다. 또 노선 지도에는 관광 명소가 표시되어 있어 매우 편리하다.

## 지하철 이용:

불란서 지하철 이용 방식은 한국의 지하철과 거의 유사하기 때문에 어려움은 없을 것이다. 파리 지하철의 경우 2 가지로 구분하는데, 파리 시내와 시내와 가까운 인접 근교를 운행하는 일반 지하철이 있고 (13개 노선), 파리와 파리에서 멀리 떨어진 장거리 교외 지역을 연결하는 고속전철 (R. E. R)이 있다 (3개 노선). 공항에서 파리 시내로 들어올 경우 이 고속전철을 타게된다. 지하철 요금은 파리 및 가까운 근교의 경우 동일 요금이 적용되며, 교외로 갈 때는 3구역, 4구역, 5구역 등으로 나뉘어 구간에 따라 요금이 올라간다.

지하철 표의 종류로는 일주일 (월요일~일요일)동안 무제한으로 사용할 수 있는 노란색 정기권 (carte jaune 까르뜨 죤느)과 한 달 (1일~말일)동안 무제한으로 사용할 수 있는 오렌지색 정기권 (carte orange 까르뜨 오랑쥬), 그리고 단기간 체류하는 관광객을 위한 carte sésame (까르뜨 세잠므) 등의 정기/정액권이 있고, 그 외에는 우리나라의 경우처럼 표를 탈때마다 한장씩 구입하거나 한꺼번에 10장이 붙어 있는 carnet (까르네)를 구입해서 사용할 수도 있다. 지하철을 많이 이용할 경우 정기권을 구입하는 것이 매우 유리하며, 정기권 구입시는 신분증과 증명사진이 필요하다.

### 시내버스 이용:

　　버스를 탈 때도 지하철표를 사용한다. 지하철 정기권을 가지고 있는 경우 탈 때 정기권을 운전수에게 보여주면 된다. 표를 낼 경우 운전석 옆의 기계에 검표를 해야 하며, 지하철과는 달리 같은 파리 시내라 할지라도 정거장 수에 따라 1~4장까지 내야 하는 경우도 있다.

### 기차 여행:

　　불란서 전국을 거미줄처럼 연결하는 불란서 국영 철도회사 (SNCF)의 일반 기차 및 고속 기차 (TGV)가 있다. 일반 기차의 경우 좌석 예약은 의무적이 아니며 고속 기차

**주의사항 한마디**

TGV의 경우 반드시 좌석을 예약해야 한다. 기차 요금은 기차 종류에 관계 없이 거의 비슷하다. 탑승 전에 버스의 경우처점 여행객이 직접 역에 설치되어 있는 기계에 검표를 해야 한다. 기차표는 출발 일시가 기입되어 있지 않고 유효 기간만 있어 그 기간 안에 언제든지 사용할 수 있다. 기차표를 사용하지 않을 경우 유효 기간 (4달) 안에 환불을 받을 수 있으며 2개월 이내에는 다른 표로 교환할 수도 있다. 단, 기차표의 반환이나 교환시 약 25프랑 가량의 수수료를 물어야 한다.

### 택시 이용:

택시는 택시 정류장에서 탈 수 있으며, 길에 지나가는 빈 택시를 잡을 수도 있고, 또는 전화로 부를 수도 있다. 전화로 부를 경우, 전화 예약 장소까지의 주행 요금은 승객이 부담해야 한다. 승객은 3명까지 한 택시에 탈 수 있으며, 앞좌석에는 타지 않고 뒷좌석에만 타는 것이 상례이다. 그러나 운전 기사가 앞좌석에 네번째 손님을 허락할 수도 있는데, 이 경우 약간의 추가 요금을 내야한다. 짐이 있을 경우는 운전 기사에따라 추가요금을 요구하기도하고 아닌 경우도 있는데 추가 요금을 요구하지 않을 경우라도 하차시 약간의 팁을 주는 것이 상례이다.

## 자동차 여행

자동차 여행시, 프랑스에는 도로가 넓이와 속도 제한 등에 따라 왕복 4차선 이상의 고속도로 (autoroute 오또루뜨 - 지도에는 첫 글자를 따서 A로 표시되어 있음.), 왕복 4차선~2차선(주로 4차선)의 국도(route nationale 루뜨 나씨오날 - 지도에는 RN으로 표기되어 있음), 왕복 4~2차선의 지방도로 (route départementale 루뜨 데빠르뜨망딸 - 지도에는 RD로 표기되어 있음), 그리고 왕복 2차선의 지역도로 (route municipale 루뜨 뮈니씨빨)로 나누어져 있다.

자동차 여행의 최상의 방법은 도로 표지판을 잘 지키면서 운전하는 것이다. (부록의 프랑스 도로 표지판 및 표시문 참조)

**주의사항 한마디**

# 길을 물을 때

불란서는 지도가 발달되어 길 찾기가 비교적 쉽다. 길을 나서기 전에 지도를 휴대하는 것이 필수적이다.

---

(지도를 보면서) 현재의 위치는 어디입니까

Je suis où maintenant?

쥬 쒸 우 맹뜨낭

---

이 길이 역으로 가는 길입니까?

C'est le chemin de la gare?

쎌 르 슈맹 들 라 갸르↗

---

에펠탑으로 가려면 어디로 가야합니까?

La Tour Eiffel, s'il vous plaît.

라 뚜르 에펠 씰 부 쁠래

---

소르본느 대학은 여기서 멉니까?

La Sorbonne, c'est loin?

라 쏘르본느 쎄 루엥↗

---

걸어서 얼마나 걸립니까?

Ça prend combien de temps à pied?

싸 프랑 꽁비엥 드 땅 아 삐에

---

| 지하철로 | en métro | 앙 메트로 |
| --- | --- | --- |
| 택시로 | en taxi | 앙 딱시 |
| 기차로 | en train | 앙 트랭 |
| 승용차로 | en voiture | 앙 부와뛰르 |

## 버스로 갈 수 있습니까?

On peut y aller en autobus?

옹 뻬 이 알레 안 노또뷰스↗

## 저는 길을 잃었습니다.

Excusez-moi, je me suis perdu.

엑쓰뀌제-무와 쥬 므 쒸 뻬르뒤

## 이 거리의 이름이 무엇입니까?

Comment s'appelle cette rue?

꼬망 싸뻴르 쎄뜨 뤼

## 리용역은 어느 쪽입니까?

De quel côté est la gare de Lyon?

드 껠 꼬떼 엘 라 갸르 드 리용

---

**현대 및 근대 회화 미술관 (올세이 미술관) :**

|  | Muée d'Orsay | 뮈제 도르쎄 |
| --- | --- | --- |
| 루브르 박물관 | Louvre | 루브르 |
| 시 내 | centre ville | 쌍트르 빌 |
| 개선문 | L'Arc de Triomphe | 라르크 드 트리옹프 |

**길을 물을 때**

# 지하철

지하철의 경우 1등칸과 2등칸이 있는데 1등칸은 기차의 가운데
한 칸이다 (차량 내/외부에 1 자로 표시되어 있음). 1등과 2등은
표의 가격이 다르며 출퇴근 시간에는 2등칸 표를 가지고 1등칸을
탈 수 있다. 1등칸 표를 사려면 매표구에서 1등칸 표를 요구해야
한다. 아무 의사 표시를 하지 않는 경우 2등칸 표를 준다.

---

시내 두장 주십시오.

Deux billets, s'il vous plaît.

되　　비이예　　씰　부　　쁠래

---

어디에서 내려야 합니까?

Où dois-je descendre?

우　두와-쥬　데쌍드르

---

에펠탑에 가려면 어디에서 내려야 합니까?

Où dois-je descendre pour aller à la Tour Eiffel?

우　두와-쥬　데쌍드르　뿌르　알레　알　라　뚜르　에펠

---

에펠탑에 가려면 어디에서 갈아 탑니까?

Où dois-je changer pour aller à la Tour Eiffel?

우　두와-쥬　　샹줴　　뿌르　알레　알　라　뚜르　에펠

---

지하철 지도 한장만 주십시오.

Un plan du métro, s'il vous plaît.

앵　쁠랑　뒤　메트로　씰　부　　쁠래

---

| 입구 | entrée | 앙트레 |
|---|---|---|
| 출구 | sortie | 쏘르띠 |
| 갈아타는 곳 | correspondance | 꼬레쓰뽕당쓰 |
| 방향 | direction | 디렉씨옹 |

## 표 10장만 주세요 (10장 한 묶음).

Un carnet, s'il vous plaît.

앵 까르네 씰 부 쁠래

## 어떤 방향으로 가는 것을 타야합니까?

Je prends quelle direction?

쥬 프랑 껠 디렉씨옹

## 열리지 않는데요 (지하철 검표기에 표를 넣어도 회전 막대 통과기가 움직이지 않는 경우).

Ça ne marche pas.

싸 느 마흐슈 빠

## 죄송합니다만, 내리십니까?(내릴려고 하는데 앞에 사람이 있을 때)

Pardon, vous descendez?

빠흐동 부 데쌍데↗

## 지하철 역이 어디에 있습니까?

Où est la station de métro?

우 엘 라 쓰따씨옹 드 메트로

지하철

# 버스

버스 정류장 및 버스 외부에 노선 지도가 자세히 그려져 있고, 구간별로 표를 몇 장 내야하는지가 표시되어 있다. 지하철 매표소에서 지하철노선 지도뿐만 아니라 버스 노선 지도도 무료로 구할 수 있다.

---

이 부근에 버스 정류장이 있습니까?

Il y a un arrêt d'autobus près d'ici?

일 리 아 앵 아레 도또뷔쓰 프레 디씨↗

---

파리 버스 노선 지도 1장 주세요.

Un plan de l'autobus 'Paris', s'il vous plaît.

앵 쁠랑 드 로또뷔쓰 '빠리' 씰 부 쁠래

---

에펠탑까지 가는데 표를 몇 장내야 합니까?

Combien de tickets pour la Tour Eiffel?

꽁비엥 드 띠께 뿌흘 라 뚜르 에펠

---

루브르박물관에 가는데 어떤 버스를 타야합니까?

Quel bus prend-on pour Le Louvre?

껠 뷔쓰 프랑-똥 뿌르 르 루브르

---

73번 버스를 타십시오.

Le soixante-treize. (숫자 참조)

르 쑤와쌍뜨-트레즈

---

| 버스 정류장 | arrêt d'autobus | 아레 도또뷔스 |
| 지하철 역 | station de métro | 쓰따씨옹 드 메트로 |
| 택시 정류장 | station de taxi | 쓰따씨옹 드 딱씨 |
| 기차역 | gare (de train) | 갸르 (드 트랭) |

## (운전기사에게) 시청에 갑니까?

Vous allez à l'Hôtel de Ville?

부　잘레 아　로뗄　드 빌르↗

## 여기서 멉니까?

C'est loin d'ici?

쎄　루앵 딧씨↗

## 몇 정거장이나 됩니까?

Il y a combien d'arrêts?

일 리 아 꽁비엥　다레

## (하차시) 차문 좀 열어주십시오.

La porte, s'il vous plaît.

라 뽀르뜨 씰 부　쁠래

## 시청 정류장에서 좀 알려주시겠습니까?

Vous pouvez me faire signe à l'Hôtel de Ville?

부　뿌베 므 패르 씨니으아 로뗄 드 빌르↗

# 기 차

파리에는 북부역 (Gare du Nord), 동부역 (Gare de l'Est), 리
용역 (Gare de Lyon), 오스테리츠역 (Gare d'Austerlitz), 몽
파르나스역(Gare Montparnasse), 생-나자르역 (Gare Saint-
Lazare) 등 6개의 기차역이 있는데, 목적지의 방향에 따라 각 각
다른 기차역에서 기차를 타게된다.
고속기차인 TGV의 경우 반드시 좌석 예약을 해야하며 예약 비용
은 13프랑 정도이다.

---

## 기차 시간표가 어디에 있습니까?

Où  sont les horaires des trains?

우 쏭 레 조래르 데 트랭

---

## "파리"로 가는 기차가 몇시에 떠납니까?

Le train pour "Paris" part à quelle heure?

르 트랭 뿌르 "빠리" 빠르아 껠 뢰르

---

## "리용" 가는 표 4장 주세요.

Quatre billets pour "Lyon", s'il vous plaît.

까트르 비예 뿌르 "리용" 씰 부 쁠래

---

## "디종"행 편도 2등칸 흡연석 1장 주세요.

Je voudrais un aller simple pour "Dijon", en
deuxième classe, fumeurs.

쥬 부드래 앵 알레 쌩쁠르 뿌르 "디종" 앙 되지엠므
끌라쓰 퓌뫼르

---

## "리용"행 TGV 좌석 2개 예약하려는데요.

Je voudrais réserver 2 places dans le TGV pour "Lyon".

쥬 부드래 레제르베 되 쁠라쓰 당 르 떼제베 뿌르 "리용"

---

| 왕복 | aller-retour | 알레-르뚜르 |
|---|---|---|
| 일등칸 | en première classe | 앙 프르미에르 끌라쓰 |
| 금연석 | non-fumeurs | 농 퓌뫼르 |
| 급행열차 | un express | 앤 넥쓰프레쓰 |

## 이 자리 비어 있습니까?

Cette place est libre?

쎄뜨 쁠라쓰 에 리브르 ↗

## 사람이 있습니다 (자리가 비어 있지 않습니다).

Cette place est occupée.

쎄뜨 쁠라쓰 에 또뀌뻬

## (검표원) 표 좀 보여 주세요.

Votre billet, s'il vous plaît.

보트르 비예 씰 부 쁠래

## 나는 유러레일 패스가 있습니다.

J'ai la carte 'Eurail pass'.

줴 라 꺄르뜨 '외라이으 빠쓰'

## 몇 시에 "파리"에 도착합니까?

A quelle heure arrive-t-on à "Paris"?

아 껠 뢰르 아리브-똥 아 "빠리"

**기차**

| 국내선 | grande ligne | 그랑드 리니으 |
| 국제선 | ligne internationale | 리니으 앵떼르나씨오날 |
| 도착 | arrivée | 아리베 |
| 출발 | départ | 데빠르 |

## 식당칸이 있습니까?

Il y a un wagon-restaurant?

일 리 아 앵    바공-레쓰또랑↗

## 이 기차는 "리용"에 정차하지요?

Ce train s'arrête bien à "Lyon"

쓰 트랭 싸레뜨 비엥 아 "리용"↗

## "루앙"행 기차는 몇 번 홈에서 출발합니까?

Sur quelle voie part le train pour "Rouen"?

쒸르 껠    부와 빠르 르 트랭 뿌르 "루앙"

## 이 기차가 리용행 열차입니까?

C'est bien le train pour Lyon?

쎄    비엥 르 트랭 뿌르 리용↗

## 어디에서 갈아 타야 합니까?

Où dois-je changer de train?

우 두와-쥬    샹줴    드 트랭

# 택 시

불란서는 주소 체계가 잘 되어 있어서 택시 운전사에게 따로 약도를 설명할 필요 없이 주소만 알려주면 목적지에 정확하게 갈 수 있다.
불란서 택시는 우리나라처럼 거리/시간 병산제이므로 잠깐일 경우 대기하게 하고 볼일을 볼 수 있다.

---

## (호텔에서) 택시를 불러주세요.

Appelez-moi un taxi, s'il vous plaît.

아쁠레-무와  앵 딱씨 씰 부 쁠래

---

## (운전수에게) 시청으로 갑시다.

À L'Hôtel de ville, s'il vous plaît.

아 로뗄 드 빌 씰 부 쁠래

---

## (주소를 보여주면서) 이 주소로 갑시다.

A cette adresse, s'il vous plaît.

아 쎄뜨 아드레쓰 씰 부 쁠래

---

## 이 짐을 트렁크에 실을 수 있을까요?

On peut mettre ces valises dans le coffre?

옹 쁘 메트르 쎄 발리즈 당 르 꼬프르↗

---

## 잠시만 기다려주십시오.

Attendez un moment.

아땅데  앵 모망

---

파리 택시의 경우 다음과 같은 3가지 요금이 적용된다.

> 요금 A (Tarif A) : 6시 30분 - 20시
>
> 요금 B (Tarif B) : 20시 - 6시 30분
>
> 일요일과 공휴일은 24시간 요금 B가 적용된다.
>
> 요금 C (Tarif C) : 20시 - 6시 30분 사이에 파리를 벗어날 경우.

---

## 곧 돌아오겠습니다.

Je reviens tout de suite.

쥬 르비엥 뚜 드 쒸이뜨

---

## 저기 세워 주십시오.

Arrêtez-vous là, s'il vous plaît.

아레떼-부 라 씰 부 쁠래

---

## 나는 시간이 급합니다.

Je suis pressé.

쥬 쒸이 프레쎄

---

## (요금이) 얼마입니까?

C'est combien?

쎄 꽁비엥

---

## 잔돈은 그냥 가지십시오.

Gardez la monnaie, s'il vous plaît.

갸르데 라 모내 씰 부 쁠래

# 비행기

파리의 경우 국내선과 아프리카 노선은 오를리 (Orly) 공항에
서, 나머지 국제선의 경우는 샤를르 드골 (Charles de Gaule)
공항에서 타고 내린다. 2 곳 다 고속전철 (RER)과 파리 시내에
서 탈 수 있는 공항 리무진 버스가 있다. 샤를르 드골 공항의
경우 공항 청사가 우리나라 김포 공항처럼 두개가 있어 탑승 비
행사나 노선에 따라 청사가 다르므로 이에 유의해야 한다.

---

## 105편 비행기 좌석 2개를 예약하고 싶습니다.

Je voudrais réserver 2 places sur le vol cent cinq.

쥬 부드래  레제르베 되 쁠라쓰 쉬르 르 볼 쌍 쌩

---

## 한국으로 가는 비행기가 언제 있습니까?

Quand y a-t-il un vol pour la Corée?

깡   이 아-띨 앵 볼 뿌흘 라 꼬레

---

## 2등칸 왕복표 한장 주십시오.

Je voudrais un aller et retour en seconde classe.

쥬 부드래  앵 알레 에 르뚜르 앙 쓰공드 끌라쓰

---

## 예약 재확인을 하고 싶습니다.

Je voudrais confirmer ma réservation.

쥬 부드래  꽁피르메 마 레제르바씨옹

---

## 예약을 취소하겠습니다.

Je voudrais annuler mon vol.

쥬 부드래  아뉠레 몽 볼

---

| 왕복 | aller et retour | 알레 에 르뚜르 |
| 일등석 | en première class | 앙 프르미에르 끌라쓰 |
| 탑승카드 | carte d'embarquement | 꺄르뜨 당바르끄망 |
| 표 | billet | 비이예 |

## 창문 쪽, 금연석 좌석으로 하나 주십시오.

Une place près de la fenêtre, non fumeurs, s'il vous plaît.

윈느 쁠라쓰 프레 들 라 프네트르 농 퓌뫼르 씰 부 쁠래

## 비행 시간은 얼마나 됩니까?

Quelle est la durée du vol?

껠 에 라 뒤레 뒤 볼

## 105편 비행기는 몇 시에 출발합니까?

Le vol numéro cent cinq part à quelle heure?

르 볼 뉘메로 쌍 쌩 빠르 아 껠 뢰르

## 몇 시에 도착합니까?

On arrive à quelle heure?

옹 아리브 아 껠 뢰르

## 비행기가 연착합니까?

L'avion a du retard?

라비옹 아 뒤 르따르↗

# 렌트카 대여,  자동차 여행

유럽에서는 렌트카를 빌려서 편리하게 여행할 수 있다. 예를 들면
파리에서 렌트카를 세내어 로마까지 가서 로마에서 차를 반납하고
바로 비행기 편으로 서울로 출발할 수 있다.
렌트카를 빌릴 경우 계약시 반드시 보험관계를 확인해야 한다.

## 자동차를 한대 빌리고 싶습니다.

Je voudrais louer une voiture.

쥬  부드래     루에   윈느 부와뛰르

## 하루에 얼마입니까?

C'est combien par jour?

쎄     꽁비엥     빠르 쥬르

## 보험을 들겠습니다.

Je voudrais prendre une assurance.

쥬  부드래     프랑드르 윈느 아쒸랑쓰

## 3일간 빌리려 합니다.

C'est pour trois jours.

쎄     뿌르 트루와 쥬르

## 도로 지도 있습니까?

Vous avez une carte routière?

부     자베   윈느 꺄르뜨 루띠에르╱

| 하룻동안 | pour un jour | 뿌르 앵 쥬르 |
| 일주일간 | pour une semaine | 뿌르 윈느 쓰맨느 |
| 브레이크(제동장치) | les freins | 레 프렝 |
| 타이어 | les pneus | 레 쁘뇌 |

---

## 자동차를 로마에서 반납하고 싶습니다.

Je voudrais laisser la voiture à Rome.

쥬 부드래 래쎄 라 부와뛰르 아 롬므

---

## 주유소가 어디에 있습니까?

Où est la station-service?

우 엘 라 쓰따씨옹-쎄르비쓰

---

## (주유소에서 기름을 넣을 때) 가득 넣어 주십시오.

Le plein, s'il vous plaît.

르 쁠렝 씰 부 쁠래

---

## 내 차가 고장이 났습니다.

Ma voiture est en panne.

마 부와뛰르 에 땅 빤느

---

## 타이어가 터졌습니다.

Le pneu est crevé.

르 쁘뇌 에 크르베

---

| 차고, 정비소 | garage | 갸라쥬 |
| 고급 휘발유 | le super | 르 쒸뻬르 |
| 운전면허증 | permis de conduire | 뻬르미 드 꽁뒤르 |
| (고속도로에서) 표사는곳 | péage | 뻬아쥬 |

## 수리 좀 해주십시오.

La réparation, s'il vous plaît.

라 레빠라씨옹 씰 부 쁠래

## 밧데리를 점검해 주십시오.

Veuillez vérifier la batterie.

뵈이예 베리피에 라 바뜨리

## 여기가 리용으로 가는 길이 맞습니까?

Je suis bien sur la route de Lyon?

쥬 쒸이 비엥 쒸르 라 루뜨 드 리용↗

## 세차 좀 해주십시오.

Lavez la voiture, s'il vous plaît.

라베 라 부와뛰르 씰 부 쁠래

## 엔진 오일을 갈아 주십시오.

Changez l'huile, s'il vous plaît.

샹줴 뤼일르 씰 부 쁠래

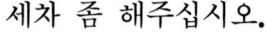

**렌트카 대여, 자동차 여행**

| 우측우선 | priorité à droite | 프리오리떼 아 드루와뜨 |
| 우회 | déviation | 데비아씨옹 |
| 일방통행 | sens unique | 쌍쓰 위니끄 |
| 추월금지 | défense de dépasser | 데팡스 드 데빠쎄 |

## 파리로 가려면 어떻게 해야 합니까?

Pouvez-vous m'indiquer la route pour aller à Paris?

뿌베-부　　맹디께　라 루뜨 뿌호 알레 아 빠리

## 곧장 가십시오.

Continuez tout droit.

꽁띠뉘에　뚜 드루와

## 되돌아 가셔야 됩니다.

Faites demi-tour.

패뜨　드미-뚜르

## 사거리를 지나 우회전 하세요.

Tournez à droite après le carrefour.

뚜르네 아 드루와뜨 아프레 르 까르푸르

## 첫번째 길에서 좌회전 하세요.

Tournez à gauche dans la première rue.

뚜르네　아 고슈　당 라 프르미에르 뤼

# 식사

# 주의사항 한마디

　외국 여행의 경우 현지 음식이 낯설거나 입에 맞지 않아 한국 음식을 하는 식당 (현지의 한국 식당)만 전전하다가 귀국하는 경우를 흔히 볼 수 있다. 그런데 현지의 음식을 음미해 보는 것도 여행을 잘 하는 방법 중의 하나이므로 가능한 한 여행하고 있는 나라의 음식을 먹어보도록 하는 것이 바람직 하다. 특히 불란서의 요리는 세계적으로 명성이 높은만큼 음식의 종류도 또 식당의 종류도 다양하다. 유서깊은 불란서 요리를 음미할 수 있어야, 또 그만큼 불란서 문화를 잘 이해할 수 있으며, 여행의 즐거움을 최대한으로 느낄 수 있을 것이다.

## 식당의 종류:

　정식으로 식사를 할 수 있는 곳은 Restaurant (레쓰또랑)이며 이외에도 간단하게 식사를 할 수 있는 곳이 많이 있다.

1. Restaurant (레쓰또랑): 정식 식사를 할 수 있으며 보통 개점 시간은 점심은 12시~2시 30분, 저녁은 7시~11시이다. Restaurant에 갈 때는 반드시 개점 시간과 휴일을 확인해야 한다. 손님이 많은 유명 Restaurant은 사전에 예약을 해두는 것이 좋다.

2. Bistrot (비쓰트로), Brasserie (브라쓰리): 보통 간단한 술과 음료수를 마시는 곳이지만 안주 혹은 간단한 식사로 스낵류를 먹을 수 있다. 식사 시간을 놓쳤을 경우, Bistrot 나 Brasserie에서 간단한 식사를 할 수 있다.

3. Café (까페)와 Salon de thé (쌀롱 드 떼): Café는 우리나라의 다방을 생각하면 되고, Salon de tthé는 Café보다 좀 더 고급스런 찻집이다. Salon de thé에서는 커피나

차와 함께 파이나 케잌 등을 먹을 수 있으며 술은 팔지 않는다. Café에서는 차와 음료수 뿐만 아니라 맥주, 칵테일 등 간단한 술도 판다.

Café, Bistrot, Brasserie의 경우 카운터에 서서 음료를 마시면 좌석에 앉아서 마시는 것보다 가격이 싸다. 대부분의 경우 가격표에 이 두 경우를 구분해서 가격을 표시해둔다. 서서 마실 경우 "au comptoir"라고 표시된 가격표를 보면된다.

## 음식 가격;

식사는 보통 전채 요리와 주요리, 그리고 후식으로 구성되며, 식사 내용과 가격이 고정되어 있는 정식 (le ménu: 르 므뉘)과 식사 내용을 자신이 직접 선택하는 (manger à la carte) 방법이 있다. 식당 마다 보통 2~3 종류의 고정된 정식이 있으며, 이 정식의 내용 및 가격은 식당 외부에 게시되어 있는 가격표에서 볼 수 있다. 정식의 경우에도 음료수나 술은 따로 계산하는 경우가 많다. 식사의 내용을 직접 선택하는 manger à la carte의 경우, 반드시 코스별로 다 주문해야 하는 것은 아니며 주머니 사정과 식욕에 따라 원하는 것만 주문해도 된다.

## 봉사료;

봉사료는 일반적으로 계산서에 포함되어 있기 때문에 반드시 팁을 주어야 하는 것은 아니다. 그렇지만 잔돈을 조금 식탁 위에 남겨 놓거나 거스름돈을 요구하지 않고 그냥 팁으로 남겨 둘 수도 있다.

**주의사항 한마디**

# 식당예약 및 좌석찾기

고급 식당의 경우 반드시 예약을 해야하며, 또한 정장을 해야한다.

---

8시경 세 사람 저녁 식사를 예약하고 싶습니다.

Je voudrais réserver une table pour dîner à 8 heures pour 2 personnes.

쥬 부드래 레제르베 윈느 따블르 뿌흐 디네 아 윗 뙤르 뿌흐 되 뻬르쏜느

---

(예약을 미리 하고 식당에 갔을 때) 김이라는 이름으로 예약했습니다.

J'ai réservé au nom de Kim.

줴 레제르베 오 농 드 김

---

(예약하지 않고 식당에 들어 갔을 때) 몇 분이십니까?

Vous êtes combien?

부 제뜨 꽁비엥

---

네 사람입니다.

Une table pour 4 personnes, s'il vous plaît.

윈느 따블르 뿌르 꺄트르 뻬르쏜느 씰 부 쁠래

---

창가 쪽 테이블을 주십시오.

Une table près de la fenêtre, s'il vous plaît.

윈느 따블르 프레 들 라 프네트르 씰 부 쁠래

---

# 주문 1

식당에서 주문을 할 때 menu (므뉘)라고 적혀 있는 것은 우리나라의 메뉴판이 아니라 그 식당의 그 날의 고정된 정식을 가리킨다. 따라서 메뉴판을 가져오라고 할 때는 menu를 가져 오라고 해서는 안된다. 만약 그럴 경우 메뉴판이 아니라 정식을 주문하는 것이 된다. 불란서에서 메뉴판은 carte (꺄르뜨)라는 단어를 사용한다.

---

**여보세요 (종업원을 부를 때) !**

S'il vous plaît.

씰 부 쁠래

---

**메뉴 (판) 갖다 주세요.**

La carte, s'il vous plaît.

라 꺄르드 씰 부 쁠래

---

**(메뉴판을 보면서 손가락으로 가리키면서) 전채는 이것을 주십시오,**

Comme entrée, je vais prendre ceci.

꼼므 앙트레 쥬 배 프랑드르 쓰씨

---

**20유로짜리 정식 주십시오.**

Le menu à 20 Euro, s'il vous plaît.

르 므뉘 아 뱅 유로, 씰 부 쁠래

---

**물 한주전자 주십시오 (수돗물의 경우).**

Une carafe d'eau, s'il vous plaît.

윈느 꺄라프 도 씰 부 쁠래

# 주문 2

종업원이 남자일 경우 Monsieur (머쓔)를, 여자일 경우는 madame (마담: 나이가 좀 들어 보이는 여자의 경우) 이나 mademoiselle (마드무와젤: 젊은 여자의 경우)을 앞에 덧붙여 사용할 수도 있다.

---

**적포도주 한병 주십시오.**

Une bouteille de vin rouge, s'il vous plaît.

윈느 부떼이으 드 뱅 루쥬   씰 부 쁠래

**빵 좀 더 가져다 주십시오.**

Donnez-moi encore du pain, s'il vous plaît.

도네-무와   앙꼬르 뒤 뺑   씰 부 쁠래

**(스테이크를 시킬 경우) 잘 익혀 주십시오.**

Bien cuit, s'il vous plaît.

비엥 뀌이 씰 부 쁠래

**(종업원에게) 어떤 것을 추천하시겠습니까?**

Qu'est-ce que vous me conseillez?

께-쓰   끄 부   므 꽁쎄이예

**후식은 먹지 않겠습니다.**

Je ne prends pas de dessert.

쥬 느 프랑 빠 드 데쎄르

---

| | | |
|---|---|---|
| 요리는 | comme plat | 꼼므 쁠라 |
| 디저트는 | comme dessert | 꼼므 데쎄르 |
| 음료는 | comme boisson | 꼼므 부와쏭 |
| 백포도주 | vin blanc | 뱅 블랑 |

**(여러 명이 같이 식사 주문시 어떤 음식에 대해)
저는 그것을 시키지 않겠습니다.**

Non, pas pour moi.

농　빠 뿌르 무와

**같은 것으로 주십시오.** (옆사람과 같은 것을 시킬때)

La même chose pour moi.

라 멤므　쇼즈　뿌르 무와

**포오크 하나 가져다 주십시오.**

Une fourchette, s'il vous plaît.

윈느 푸르쉐뜨　씰 부 쁠래

註) 보통으로 익혀서 à point (아 뿌엥)
　　약간만 익혀서 saignant (쌔니양)

註) 식기가 바닥에 떨어졌을 경우 다시 주워서 사용하지 말
　　고 종업원에게 새 것을 부탁한다.
　　숟가락　une cuillère (윈느 뀌이예르)
　　잔　un verre (앵 베르)
　　나이프　un couteau (앵 꾸또)
　　냅킨　une serviette (윈느 쎄르비에뜨)

# 계산

계산을 할 때는 보통 카운터에 가서 하지 않고 계산서를 식탁으로 가지고 오게 해서 테이블 위에 해당 금액을 올려 놓는다. 신용카드로 지불할 때도 마찬가지로 종업원이 계산서를 가지고 오면 카드를 종업원에게 주면된다. 현금으로 지불할 때 잔돈이 많지 않을 경우 팁으로 그냥 식탁 위에 남겨 놓고 나올 수도 있다.

---

계산서 주세요.

L'addition, s'il vous plaît.

라디씨옹   씰 부 쁠래

---

얼마입니까?

C'est combien?

쎄   꽁비엥

---

계산에 무슨 착오가 있는 것같습니다 (계산이 잘못 되었는데요).

Il y a une erreur.

일리아 윈느 에뢰르

---

(팁을 주면서) 이것 받으세요.

C'est pour vous.

쎄   뿌르 부

---

수표로 계산해도 됩니까?

Je peux payer par chèque?

쥬 뾔   뻬이예 빠르 쉐끄 ╱

---

94-95

# Café (까페)에서

café에서 먹을 수 있는 가장 흔한 스낵류의 음식에는 Croque Monsieur (크로끄 머쓔)라는 햄과 치즈를 식빵 사이에 끼운 샌드위치와 이것에 달걀 후라이를 더 얹은 Croque Madame (크로끄 마담)이 있다.

---

## 여보세요. (종업원을 부를 때)

S'il vous plaît!

씰 부 쁠래

---

## 커피 한잔 주십시오.

Un café, s'il vous plaît.

앵 꺄페 씰 부 쁠래

---

## 재털이 좀 주십시오.

Apportez-moi un cendrier, s'il vous plaît.

아뽀르떼-무와 앵 쌍드리에 씰 부 쁠래

---

## 화장실이 어디에 있습니까?

Où sont les toilettes?

우 쏭 레 뚜왈레뜨

---

## 전화가 어디에 있습니까?

Où est le téléphone?

우 엘 르 뗄레폰느

---

# 불란서 요리

처음 불란서 식당에 들어가면 무엇을 먹을지 몰라 당황할
것이다. 먹지 못할 음식을 시키면 어떻게 하나 하는 두려움
도 있을 것이다. 그러나 대다수의 불란서 요리는 이름을 잘
관찰하면 재료 및 조리 방법을 알 수 있어 안심하고 주문할
수 있다. 예를 들어 불란서에서 가장 많이 먹는 요리 중의
하나인 Steak avec des pommes de terre frites (스떽끄
아벡 뽐므 드 떼르 프리뜨)를 보자. 이는 이 음식 이름의 첫
부분(steak)은 스테이크를 의미하고 나중 부분 (pommes
de terre frites)은 튀긴 감자 (후렌치 프라이)이며 중간에
있는 단어 avec는 "곁들인" 이라는 의미이다. 따라서 이 요
리는 튀긴 감자를 곁들인 스테이크이다. 이처럼 불란서 사람
들이 흔히 먹는 요리를 몇개 알아 두면 편리할 것이다. 전채
와 후식도 몇 가지 알아두자.

- **Steak haché** (스떽끄 아쉐) : haché는 "곱게 다진"이라는
  의미이며 따라서 이 요리는 함박스테이크이다 (보통 튀긴
  감자와 함께 먹는다).
- **Boeuf bourguignon** (뵈프 부르기뇽) : boeuf는 "쇠고기"
  란 뜻이며 bourguignon은 "부르고뉴 지방의"라는 뜻이
  다. 이 요리는 쇠고기 덩어리와 파, 양파, 홍당무 등을 넣
  어 푹 끓인 부르고뉴 지방의 요리.
- **Choucroute** (슈크루뜨) : 발효시킨 양배추에 쏘세지와 돼
  지고기를 곁들여 만든 요리이다. 발효 음식이므로 김치 맛

을 연상시키며 따라서 우리나라 사람의 입맛에 낯설지 않
은 음식이다.

- Couscous (꾸쓰꾸쓰) : 북부 아프리카에서 유래된 음식으
  로 좁쌀처럼 생긴 곡물을 삶은 것에다 종류에 따라 양고
  기, 쏘세지, 돼지고기를 곁들여 매콤한 쏘쓰를 쳐서 먹는
  다. 자극적인 맛이 있어서 우리나라 사람의 입맛에 맞을
  수 있다.
- Côtelette d'agneau (꼬뜰레뜨 다뇨) : 어린 양의 갈비로
  만든 요리.
- Brochette de boeuf (브로쉐뜨 드 뵈프) : 쇠고기 꼬치 구
  이 요리.
- Escargots (에쓰꺄르고) : 달팽이 요리로, 달팽이를 데친
  것에 파아슬리, 마늘, 버터 등을 넣어 오븐에 구원낸 음
  식. 전채요리의 일종.
- Huitres (위트르) : 생굴. 찬바람이 불면 시내의 거의 모든
  음식점에 생굴이 등장한다. 레몬을 굴 위에 짜서 포크로
  껍질 속에서 꺼내먹는다.
- Plateau de fruits de mer (쁠라또 드 프뤼 드 메르) : 해
  물 모듬. 가격이 다소 비싼 전채 요리이다. 굴, 조개, 소
  라, 게, 새우 등에 빵과 버터가 곁들여 나온다.

- Chateaubriand (샤또브리앙) : 비프스테이크의 일종

**다음의 단어를 알아두면 메뉴를 이해하는데 도움이될 것이다.**

❊ 조리방식;
  bouilli(e) (부이이) : 삶은

grillé(e) (그리이예): 불에 직접 익힌

rôti(e) (로띠): 간접적으로 불에 익힌

sauté(e) (쏘떼): (기름, 버터에) 데친

frit(e) (프리(뜨)): (기름에 튀긴)

haché(e) (아쉐): 잘게 다진

brochette (브로쉐뜨): 꼬치구이


❂ 육류 및 조류 (가공품 포함);

viande (비앙드): (음식 재료) 육류

volaille (볼라이으): (음식 재료) 조류

agneau (아뇨): 어린 양고기

boeuf (뵈프): 쇠고기

veau (보): 송아지 고기

poulet (뿔레): 닭고기

canard (꺄나르): 오리 고기

lapin (라뺑): 토끼 고기

porc (뽀르): 돼지고기

caille (꺄이으): 메추리 고기

cervelle (쎄르벨): 골, 뇌

côte (꼬뜨): 갈비

côtelette (꼬뜰레뜨): 갈비

entrecôte (앙드르꼬뜨): 갈비뼈 사이 부위의 쇠고기

faux-filet (포-필레): 쇠고기 등심

foie gras (푸와 그라): 거위 간 요리

gigot (쥐고): 양의 넓적다리살

jambon (쟝봉): 햄

saucisse (쏘씨쓰), saucisson (쏘씨쏭) : 쏘세지
pâté (빠떼) : 조류의 간으로 만든 요리

## ❈ 어류, 해물

anchois (앙슈와) : 멸치
crevettes (크르베뜨) : 새우
escargot (에쓰꺄르고) : 달팽이
fruits de mer (프뤼 드 메르) : 해물 (주로 갑각류)
homard (오마르) : 바다가재
langouste (랑구쓰뜨) : 바다가재 (대하)
huitre (위트르) : 굴
maquereau (마끄로) : 고등어
saumon (쏘몽) : 연어
sole (쏠르) : 가자미
thon (똥) : 참치
truite (트뤼뜨) : 송어

## ❈ 야채, 과일

légume (레귐므) : 야채
fruit (프뤼) : 과일
asperge (아쓰뻬르쥬) : 아스파라가스
aubergine (오베르쥔느) : 가지
carotte (꺄로뜨) : 홍담무
céleri (쎌르리) : 셀르리
champignon (샹삐뇽) : 버섯
chou (슈) : 양배추

chou-fleur (슈 플뢰르) : 꽃양배추

citron (씨트롱) : 레몬

concombre (꽁꽁브르) : 오이

épinard (에삐나르) : 시금치

framboise (프랑부와즈) : 산딸기

haricot (아리꼬) : 강낭콩

laitue (래뛰) : 상추

navet (나베) : 무우

oignon (오뇽) : 양파

pamplemousse (빵쁠르무쓰) : 자몽, 그레이프 프루츠

pêche (뻬슈) : 복숭아

poire (뿌와르) : 배

pomme (뽐므) : 사과

pomme de terre (뽐므 드 떼르) : 감자

raisin (래쟁) : 포도

riz (리) : 쌀

 ❖ 술

cognac (꼬냑) : 꼬냑

champagne (샹빠녀) : 샴페인

vin (뱅) : 포도주

vin rouge (뱅 루쥬) : 적포도주

vin blanc (뱅 블랑) : 백포도주

apéritif (아뻬리띠프) : 식전에 식욕을 돋구기위해 마시는
술의 총칭.

whisky (위스끼) : 위스키

bière (비에르) : 맥주

calvados (깔바도스) : 사과주(노르망디 지방의 알콜 40%
정도의 사과주)

❋ 제빵, 제과, 식료품

pain (뺑) : 빵

pain de mie (뺑드미) : 식빵

croissant (크루와쌍) : 크루와쌍

baquette (바게뜨) : 바게뜨빵

gâteau d'anniversaire (갸또 다니베르쌔르) : 생일케잌

bonbon (봉봉) : 사탕

chocolat (쇼꼴라) : 쵸콜렛

yaourt (야우르) : 야구르트

fromage (프로마쥬) : 치이즈

café moulu (까페 물뤼) : 원두커피(갈아놓은것)

thé (떼) : 홍차

tarte aux pommes (따르뜨 오 뽐므) : 사과파이

glace (글라쓰) : 아이스크림

crème fraîche (크렘므 프래슈) : 생크림

lait (래) : 우유

❋ 기타

beurre (뵈르) : 버터

camembert (까망베르) : 치즈의 일종

consommé (꽁쏘메) : 묽은 수우프

gâteau (갸또) : 케잌

glace (글라쓰) : 아이스크림

jus d'orange (쥐도랑쥬) : 오렌지쥬스

moutarde (무따르드) : 겨자

nouille (누이으) : 국수

oeuf (외프) : 달걀

pain (뺑) : 빵

pâte (빠뜨) : (스파게티) 국수

poivre (뿌와브르) : 후추

sauce vinaigrette (쏘쓰 비내그레뜨) : 식초 쏘오스

(식초, 기름이 주재료)

sel (쎌) : 소금

sucre (쒸크르) : 설탕

vinaigre (비내그르) : 식초

# 관광·레저

# 주의사항 한마디

　관광에 나서기 전에, 우선 지도를 구해서 현재의 위치와 관광지의 위치를 파악해두고 관광에 나서는 것이 바람직하다. 단체 관광을 할 경우, 함께 다니며 특별히 마음에 드는 곳은 자유시간을 이용해 다시 한번 찾아 볼 수도 있을 것이다.

　불란서는 지도가 아주 잘 발달되어 있어 지도만 보고도 목적지를 쉽게 찾아 갈 수 있다. 지도는 호텔과 공항에서 무료로 배포하는 관광지도를 구할 수도 있고 관광 안내를 포함한 좀 더 자세한 지도를 갖추고 싶으면 거리의 신문 판매대 (kiosque: 끼오쓰끄)나 서점에서 구입할 수 있다.

　박물관이나 미술관은 그 규모가 워낙 방대하여 많은 시간을 할애할 수 없는 관광객에게는 수박 겉핥기식으로 지나가게 되는 곳이지만, 그래도 그 나라의 문화나 역사를 이해하기 위해서는 빼놓을 수 없는 관광 장소이다. 따라서 시간이  많이 없을 때는 관광 안내 책자를 활용하여 사전에 미리 방문하게될 미술관에 대해 연구를 해두어서 그 곳에서 반드시 보아야 할 것이 무엇인지를 알아 우선 순위를 정해서 감상하는 것도 효과적인 관광의 한 방법일 것이다. 미술관이나 박물관 장내에서 사진을 찍을 때는 대개의 경우 플래시를 사용할 수 없으며 식/음료는 가지고 들어갈 수 없다. 유명한 박물관으로는 파리에 고대 이집트 유물로부터 18세기의 회화까지 30만 점이 넘는 소장품을 갖춘 루브르박물관 (Musée du

Louvre)과 19세기 인상파 화가들의 작품을 소장하고 있
는 오르쌔 미술관 (Musée d'Orsay), 그리고 불란서의 대표
적인 조각가인 로댕 (Rodin)의 작품 및 그의 제자 까미유
끌로델 (Camille Claudel)의 작품이 소장되어 있는 로댕 미
술관 (Musée Rodin), 피카소의 작품을 모아둔 피카소 미술
관 등 많은 미술관, 박물관이 있고, 지방마다 옛 유물들을
보관하고 있는 각 지방 박물관이 있다.

어떤 한 나라를 관광한다고 할 때 관광이라고 해서 단순히
유적지나 박물관, 미술관 등을 구경만 하는 것을 의미할 수
는 없다. 영화, 연극, 오페라, 발레 등 불란서인들의 문화 생
활을 함께 해보는 것도 의미있는 관광이 될 것이다. 영화의
경우는 직접 극장에 가서 표를 구입해서 들어가면된다. 보통
영화관은 우리나라의 소극장 처럼 큰 건물 하나에 여러개의
영사실을 갖추고 있어 어떤 영화를 볼 것인지를 먼저 결정하
고 해당 영화표를 사서 그 영화를 상영하는 방으로 들어가면
된다. 영화관들은 샹젤리제 거리 (Avenue des Champs-
Elysées)나 생-미셀 대로 (Boulevard Saint-Michel)에 밀
집해 있다. 영화관 가운데는 오래된 유명한 명화를 몇달이고
계속해서 상영하는 전문 감상실도 있다. 연극, 오페라, 발레
의 경우는 직접 극장에 가서 입장권을 구입할 수도 있지만
사전에 매진되는 경우가 많으므로 미리 예매를 해두는 것이
좋다. 유명한 공연장으로 발레는 l'Opéra de Paris, 오페라

**주의사항 한마디**

와 음악회는 l'Opéra de la Bastille, 그리고 고전극은 la Comédie Française가 있어, 이러한 곳에서 수시로 발레, 연극, 음악회, 오페라 등을 감상할 수 있다.

스포츠의 경우, 불란서에서 인기 있는 스포츠로는 축구, 테니스, 럭비, 자전거 경주가 있으며, 또한 Formule 1 (포르뮐르 앵)이라는 카레이스나 장거리 자동차 경주(랠리)가 있다. 불란서에서 열리는 유명한 스포츠 대회로는 매년 5월 말에서 6월초 사이에 벌어지는 불란서 오픈 테니스 선수권 대회 (Roland Garros)와 자전거로 불란서 전국을 일주하는 불란서 일주 대회 (Tour de France)가 있다. 그리고 년중 불란서 프로 축구 페난트레이스가 벌어진다.

파리 및 파리 근교에서의 모든 볼거리에 대한 내용과 시간표 등에 대한 자세한 사항은 신문 판매대에서 구입할 수 있는 Pariscope라는 주간지를 참고하면 좋다.

# 관광·레저 기본회화

관광안내소는 대개 대도시의 공항과 역에 있다. 관광 안내 팜플렛이나 관광지도는 보통 무료로 얻을 수 있다.

---

## 관광 안내소가 어디에 있습니까?

Où se trouve l'office du tourisme?

우 스 트루브 로피쓰 뒤 뚜리쏨

---

## 시내지도 있습니까?

Vous avez un plan de la ville?

부 자베 앵 쁠랑 들 라 빌르↗

---

## 베르사이유를 구경하고 싶습니다.

Je voudrais visiter Versailles.

쥬 부드래 비지떼 베흐싸이으

---

## 한국어 할 줄 아는 관광 안내원이 있습니까?

Vous avez un guide qui parle coréen?

부 자베 앵 기드 끼 빠를르 꼬레앵↗

---

## 한국어로된 안내 책자가 있습니까?

Vous avez des dépliants en coréen?

부 자베 데 데쁠리앙 앙 꼬레앵↗

---

| 관광안내원 | un guide | 앵 기드 |
|---|---|---|
| 기차시간표 | un horairedes trains | 앵 오래르 데 트랭 |
| 지하철 노선도 | un plan de métro | 앵 쁠랑드 메트로 |
| 도심(시내) | centre ville | 쌍트르 빌르 |

(여행사에서) 내일 오후 관광이 있습니까?

Vous avez une excursion pour demain aprés-
midi?

부    자베 윈느 엑쓰뀌르씨옹 뿌흐 드맹 아프레-미디 ↗

그 관광 코스는 얼마입니까?

Combien coûte l'excursion?

꽁비엥    꾸뜨  렉쓰뀌르씨옹

식사가 요금에 포함되어 있습니까?

Les repas sont compris dans ce prix?

레  르빠  쏭  꽁프리  당  쓰 프리 ↗

관광버스는 몇시에 출발합니까?

A quelle heure part l'autocar?

아  껠    뢰르  빠르  로또꺄르

관광버스는 어디에서 출발합니까?

D'où part l'autocar?

두    빠르 로또꺄르

# 명승고적에 갔을 때

cathédrale (까떼드랄)이라 불리우는 대성당은 주교가 머무는 곳으로 대도시에 하나씩만 있다. 나머지 성당들은 모두 église (에글리즈)라 불리운다. 파리의 경우 노틀담 대성당 (Notre-Dame: 노트르-담므)이 파리의 대성당 (cathédrale de Paris)이다.

## 이 건물은 무엇입니까?

Qu'est-ce que c'est, ce bâtiment?

께-쓰　　끄　쎄　쓰　바띠망

## 이 기념물은 무엇입니까?

Qu'est-ce que c'est, ce monument?

께-쓰　　끄　쎄　쓰　모뉘망

## 이 성당의 이름은 무엇입니까?

Quel est le nom de cette église?

껠　에　르　농　드　쎄뜨　에글리즈

## 언제 지어졌습니까?

La construction date de quand?

라　꽁쓰트뤽씨옹　다뜨 드　　깡

## 들어갈 수 있습니까?

On peut entrer?

옹　쁘　앙트레／

| 박물관 | le musée | 르 뮈제 |
|---|---|---|
| 시청 | l'hôtel de ville | 로뗄 르 빌르 |
| 묘지 | le cimetière | 르 씸므띠에르 |
| 탑 | la tour | 라 뚜르 |

## 시내를 구경하고 싶습니다.

Je voudrais visiter le centre ville.

쥬   부드래  비지떼  르 쌍트르 빌르

## 화장실이 어디에 있습니까?

Où  sont les toilettes?

우   쏭  레  뚜왈레뜨

## 우리들 사진 좀 찍어주시겠습니까?

Vous voulez nous prendre en photo?

부    불레    누  프랑드르  앙  포또 ↗

## (단체 여행중 자유시간에) 몇 시까지 돌아와야 합니까?

A quelle heure dois-je être de retour ici?

아   껠    뢰르  두와-쥬 에트르 드 르뚜르 잇씨

## 입장료가 얼마입니까?

Combien coûte l'entrée?

꽁비엥    꾸뜨   랑트레

# 미술관/박물관에서

국립 박물관 및 미술관은 화요일이 휴관일이다. 단 오르쌔 미술관 (Musée d'Orsay)은 월요일에 휴관한다. 국립 박물관/미술관은 일요일에는 할인 요금이 적용되어 입장료가 평일보다 싸다.

---

몇 시에 개관합니까?

A quelle heure est l'ouverture?

아 껠 뢰르 에 루베르뛰르

---

사진을 찍을 수 있습니까?

On peut prendre des photos?

옹 뾔 프랑드르 데 포또↗

---

플래쉬를 사용해도 됩니까?

On peut utiliser un flash?

옹 뾔 위띨리제 앵 플라슈↗

---

영어로된 안내책자 있습니까?

Vous avez un catalogue en anglais?

부 자베 앵 까딸로그 앙 앙글래↗

---

'모나리자의 미소'는 어디에 있습니까?

Où se trouve 'la Joconde'?

우 쓰 트루브 '라 죠꽁드'

---

| | | |
|---|---|---|
| 몇시에 엽니까? | On ouvre à qulle heure? | 옹 우브르 아 껠 뢰르 |
| 폐관(폐점) | la fermeture | 라 페르므뛰르 |
| 불어로된 | en français | 앙 프랑쌔 |
| 한국어로된 | en coréen | 앙 꼬래앵 |

## 짐을 좀 맡겨 놓을 수 있습니까?

Vous pouvez garder mes bagages?

부　　뿌베　　갸르데　메　바갸쥬↗

## 박물관은 몇시에 문을 닫습니까?

A quelle heure ferme le musée?

아　껠　뢰르　페르므 르　뮈제

## 이것은 어느 시대의 것입니까?

De quelle époque date ceci?

드　껠　에뽀끄　다뜨 쓰씨

## 정말 감동적입니다.

C'est vraiment magnifique.

쎄　브래망　마니피끄

## 입장료가 얼마입니까?

C'est combien, l'entrée?

쎄　꽁비엥　랑트레↗

# 오페라, 발레, 음악회

특히 파리의 경우 유명 연주인들이나 공연 단체의 공연이 거의 매일 있으며 또한 입장료도 아주 비싸지 않기 때문에 모든사람들이 즐길 수 있다.

---

## 이 근처에 오페라 하우스가 있습니까?

Il y a un opéra par ici?

일 리 아 앵 오뻬라 빠르 잇씨 ↗

---

## 나는 오페라를 관람하고 싶습니다.

Je voudrais assister à un opéra.

쥬 부드래   아씨쓰떼 아 앵 오뻬라

---

## 나는 고전 음악을 좋아합니다.

J'aime la musique classique.

쥄므   라 뮈지끄   끌라씨끄

---

## 오늘 저녁 공연 좌석 있습니까?

Il y a des places pour ce soir?

일 리 아 데 쁠라쓰   뿌흐 쓰 쑤와르 ↗

---

## 어떤 것이 가장 싼 표입니까?

Quelles sont les places les moins chères?

껠   쏭 레 쁠라쓰 레 무앵   쉐르

---

| 음악당 | une salle de concert | 윈느 쌀 드 꽁쎄르 |
| 고전음악 | la musique classique | 라 뮈지끄 끌라씨끄 |
| 대중음악 | la musique pop | 라 뮈지끄 뽑 |
| 1층 좌석으로 | aux fauteils d'orchéstre | 오 포페이으 도르께쓰트르 |

## 2층 좌석으로 두장 주십시오.

2 places au balcon, s'il vous plaît.

되 쁠라쓰 오 발꽁 씰 부 쁠래

## 공연은 몇 시에 시작합니까?

A quelle heure commence le spectacle?

아 껠 뢰르 꼬망쓰 르 쓰뻭따끌르

## 공연은 몇 시에 끝납니까?

A quelle heure finit le spectacle?

아 껠 뢰르 피니 르 쓰뻭따끌르

## 앵콜! (재청을 할 때)

Bis!

비쓰

## 브라보! (공연 내용이 좋아서 감동을 받았을 때)

Bravo!

브라보

# 영화

불란서에서 불란서 영화가 아닌 외국 영화를 볼 때는 더빙을 하지 않고 자막 처리한 원어판 (V.O.: version originale)과 더빙을 한 불어판(V.F.: version fran çaise)이 있으므로 유의해야 한다. 따라서 불어를 잘 모르는 경우 불어로 더빙이된 불어판 (V. F.)을 보면 자막이 전혀 없으므로 아무것도 이해하지 못하는 수가 있다.

---

무슨 영화를 상영하고 있습니까?

Quel film donne-t-on aujourd'hui?

껠   필므   돈느-똥   오쥬르뒤

---

애정영화입니다.

C'est un film d'amour.

쎄   땡 필므   다무르

---

2번 상영관 표 석장 주십시오.

Trois(3) billets pour la salle 2, s'il vous plaît.

트루와   비이예 뿌르 라   쌀  되 씰  부  쁠래

---

이 동네에 영화관이 있습니까?

Il y a un cinéma dans le quartier?

일 리 아 앵 씨네마   당  르 까르띠에 ↗

---

그 영화는 몇 시에 시작합니까?

A quelle heure commence le film?

아  껠   뢰르   꼬망쓰  르 필므

---

| | | |
|---|---|---|
| 공상과학 영화 | film de science fiction | 필므 드 씨앙쓰-픽씨옹 |
| 탐정/범죄 영화 | film policier | 필므 뽈리씨에 |
| 전쟁영화 | film de guerre | 필므 드 게르 |
| 코메디물 | film comique | 필므 꼬미끄 |

## 마지막회는 몇 시입니까?

A quelle heure est la dernière séance?

아 껠 뢰르 엘 라 데르니에르 쎄앙쓰

## 그 영화에 누가 나옵니까?

Qui joue dans ce film?

끼 쥬 당 쓰 필므

## 재미있었습니까?

Comment trouvez-vous ce film?

꼬망 트루베-부 쓰 필므

## 재미있었습니다.

C'était très intéressant.

쎄떼 트레 쟁떼레쌍

## 좀 지루했습니다.

Je le trouve un peu ennyeux.

쥬 르 트루브 앵 뻬 앙뉘이외

116-117

# 연극

la Comédie Française는 불란서의 대표적 국립극장 중의 하나로 주로 고전극을 상연한다. 그외에도 유명한 극장으로는 Théâtre National de l'Odéon (떼아트르 나씨오날 드 로데옹)이 있다.

---

**연극을 보고 싶습니다.**

Je voudrais aller au théâtre.

쥬 부드래   알레   오 떼아트르

---

**프로그램 하나 주십시오.**

Un programme, s'il vous plaît.

앵   프로그람므   씰   부   쁠래

---

**코메디 프랑세즈에서는 무슨 연극을 공연합니까?**

Que joue-t-on à la Comédie Française?

끄   쥬-똥   알 라 꼬메디   프랑쌔즈

---

**내일 저녁 공연 입장권 두장 주십시오.**

Deux(2) billets pour demain soir, s'il vous plaît.

되   비이예 뿌르 드맹 쑤와르 씰   부   쁠래

---

**막간 휴식은 얼마나 됩니까?**

Combien de temps dure l'entracte?

꽁비엥   드   땅   뒤르 랑트락뜨

---

연극

# 공연장소 이름

영화관
cinéma
씨네마

카페 테아트르 (소극장을 겸한 카페)
café-théâtre
꺄페-떼아트르

카바레 (샹송이나 풍자극이나 쇼 등을 보면서 식사도 할
수 있는 곳)
cabaret
꺄바레

뮤직홀
music-hall
뮈직-올

(연극을 공연하는) 극장
théâtre
떼아트르

## 인형극 극장
### théâtre de guignol
떼아트르 드  기뇰

## 디스코장
### boîte de nuit
부와뜨 드 뉘이
### discothéque
디쓰꼬떼끄

## 음악당
### salle de concert
쌀  드  꽁쎄르

## 짐 (가방, 외투, 옷 따위) 보관소는 어디입니까?
### Où est le vestiaire?
우  에 르 베쓰띠애르

# 나이트클럽에서

프랑스에는 나이트클럽, 디스코장, 극장식 식당 등 다양한 장소가 있어 안내책자 등을 활용하여 목적에 맞는 장소를 선택하는 것이 좋다.

---

## 나이트클럽 (디스코장)에 갑시다.

Allons dans une boîte de nuit.

알롱　　당　　쥔느 부와뜨 드 뉘이

## 디스코장이 이 근처에 있습니까?

Il y a une discothèque par ici?

일 리 아 윈느 디쓰꼬떼끄 빠르 잇씨 ↗

## 테이블을 예약해야 합니까?

Il faut réserver des tables?

일 포　　레제르베 데　따블르 ↗

## 입장료가 얼마입니까?

Quel est le prix d'entrée?

껠　　에　르 프리 당트레

## 쑈는 몇 시에 시작합니까?

A quelle heure commence le spectacle?

아　껠　　뢰르　　꼬망쓰　　르 쓰뻭따끌르

# 쇼핑

# 주의사항 한마디

거의 어느 나라에나 관광객을 위한 면세점이 공항 및 시내 곳곳에 있기 마련이다. 그러나 폭넓은 관광을 위하여 그 나라 사람들이 이용하는 백화점이나 슈퍼, 시장 등을 이용해 보는 것도 그 나라의 문화를 좀 더 잘 이해하는 한 방법이 될 수 있을 것이다. 불란서에서 백화점 (Grand magasin 그 랑 마가쟁)은 Galerie Lafayette, Printemps, Au Bon Marché 등이 유명하고, 가격 및 상품의 종류도 다양한 곳 이다. 좀 더 저렴한 가격의 쇼핑을 원하는 사람은 대형슈퍼 마켓 (supermarché 쉬뻬르마르쉐, hypermarché 이뻬르마 르쉐)을 이용할 수도 있다. 우리나라의 슈퍼마켓과는 달리, 불란서의 대형슈퍼마켓은 식품과 식기만을 취급하는 것이 아 니라 모든 일상 생활용품을 다 구입할 수 있다. 대형슈퍼마 켓들은 주로 대도시의 근교에 자리잡고 있으나, 파리의 경우 지하철로 연결되는 곳이 많다. 불란서의 대형슈퍼마켓으로는 Carrefour, Inno, Prix-Unic, BHV 등이 유명하다. 부가가 치세가 포함된 물건을 구입할 경우 영수증을 잘 보관해서 면  세수속을 받으면 면세수속시나 출국시 부가가치세를 면제받 아 그에 해당하는 금액을 환불받을 수 있다.

백화점이나 슈퍼마켓에 가서 쇼핑을 할 경우 개/폐점 시간 과 휴일을 잘 알아봐서 허탕치는 일이 없도록 유의해야한다.

거의 모든 가게들이 일요일이나 공휴일에는 영업을 하지 않으며, 평일에도 오후 6시 30분에서 7시 정도에 문을 닫으므로 이점을 잘 기억하고 있어야 한다.

불란서의 유명 디자이너들의 부띠끄는 샹젤리제 (Champs-Elysées) 근처에 있는 몽테뉴街 (Avenue Montaigne 아브뉘 몽때니으)에 집중되어 있다. 불란서의 중요한 산업중의 하나인 전세계를 지배하는 하이패션이 창조되는 곳이므로 꼭 무엇을 사지 않더라도 산책 삼아 가보는 것도 좋을 것이다. 그외에도 이들 유명 디자이너들의 기성복은 샹젤리제 및 리볼리路 (rue Rivoli 뤼 리볼리)에 있는 부띠끄에서 구입할 수 있다.

불란서에는 일년에 두번 1월과 6월에 본격적인 바겐세일이 있다. 처음에는 20~30%정도 할인 판매를 하다가 세일 기간 마지막에는 50%까지 할인 판매하며, 여행기간과 일치하면 이러한 세일 기간을 이용하는 것도 바람직하다.

**주의사항 한마디**

# 쇼핑기본회화

상점에 들어섰을때 말을 걸어오는 점원에게 직접 주문을 한다. 살 의사가 없는 상품에는 되도록 손을 대지 않는 것이 좋다. 대개의 경우 정찰제이지만 벼룩시장 같은 데서는 물건 값을 흥정할 수도 있다.

---

(점원이) 무엇을 찾으십니까?

Vous désirez?

부    데지레／

---

그냥 보는 거예요 (아이쇼핑의 경우).

Je regarde seulement.

쥬 르갸르드  쐴르망

---

(물건을 가리키면서) 이것을 주십시오.

Je voudrais ceci.

쥬 부드래  쓰씨

---

다른 것도 사실 겁니까?

Vous désirez d'autres choses?

부    데지레   도트르   쇼즈／

---

이것이 전부입니다 (이제 다 샀습니다).

C'est tout.

쎄    뚜

---

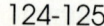

| 백화점 | grand magasin | 그랑 마가쟁 |
| --- | --- | --- |
| 화장품 코너 | rayon de la parfumerie | 래이용 들 라 빠르퓜므리 |
| 모자코너 | rayon des chapeaux | 래이용 데 샤뽀 |
| 상가 | le centre commercial | 르 쌍트르 꼬메르씨알 |

## 얼마입니까?
C'est combien?/ Ça fait combien?

쎄　　꽁비엥　/ 싸　패　꽁비엥

## 비싸군요.
C'est cher.

쎄　　쉐르

## (가리키면서) 저것 좀 보여 주십시오.
Montrez-moi ceci, s'il vous plaît.

몽트레-무와　　쓰씨　씰　부　　쁠래

## (백화점에서) 여성복 코너가 어디에 있습니까?
Où est le rayon du prêt-à-porter féminin?

우　엘　르 래이용 뒤 프레-따-뽀르떼 페미냉

## 여행자 수표도 받으십니까?
Vous acceptez les chèques de voyage?

부　　작쎕떼　레　쉐끄　드 부와야쥬↗

| 영업중 | ouvert | 우베르 |
|---|---|---|
| 폐점 | fermé | 페르메 |
| 세일 | soldes | 쏠드 |
| 지하 | sous-sol | 쑤쏠 |

## 이 근처에 슈퍼마켓이 있습니까?

Il y a un supermarché par ici?

일리아 앙 쒸뻬르마르쉐 빠흐 이씨↗

## 손목시계를 사고 싶은데요/ 사러왔는데요.

J'aimerais acheter une montre.

젬므래 아슈떼 윈 몽트르.

## 면세를 해주십시오.

La détaxe, s'il vous plaît.

라 데딱쓰 씰 부 쁠래

## 세관신고용지 한장 주십시오.

Un formulaire pour la déclaration, s'il vous plaît.

 앙 포르밀래르 뿌흘 라 데끌라라씨옹 씰 부 쁠래

## 이 주소로 물건을 보내 주실 수 있습니까?

Vous pouvez l'envoyer à cette adresse?

부 뿌베 랑부와예 아 쎄뜨 아드레쓰↗

| 식료품 가게 | une épicerie | 윈느 에삐쓰리 |
| 빵집, 제과점 | une boulangerie | 윈느 불랑쥬리 |
| 제화점 | magasin de chaussures | 앵 마가쟁 드 쇼쒸르 |
| 면세점 | une boutique hors-taxe | 윈느 부띠끄 오르-딱쓰 |

## 더 싼것은 없습니까?

Avez-vous quelque chose de moins cher?

아베-부    껠끄    쇼즈  드   무앵  셰르↗

## 더 작은 것은 없습니까?

Avez-vous quelque chose de plus petit?

아베-부    껠끄    쇼즈  드  쁠뤼 쁘띠↗

## 엘리베이터는 어디에 있습니까?

Où est l'ascenseur?

우  에   라쌍쐬르

## 출구가 어디입니까?

Où est la sortie?

우  에  라 쏘르띠

## (물건을 살 때) 생각 좀 해보고요, 감사합니다.

Je vais réfléchir, merci.

쥬  배  레플레쉬르 메르씨

**쇼핑기본회화**

# 옷가게에서

사이즈 표시가 한국과 다르므로
옷을 살때는 직접 크기를 확인해
보는 것이 좋다.

---

이 디자인이 마음에 듭니다.

Ce modèle me plaît.

쓰 모델    므 쁠래

---

진열장에 있는 빨간색 원피스 좀 보여주십시오.

Montrez-moi la robe rouge dans la vitrine.

몽트레-무와    라 로브 루쥬  당   라 비트린

---

치수(싸이즈)가 얼마이십니까?

Vous faites quelle taille?

부    패뜨 껠    따이으

---

내 치수가 불란서식으로는 얼마인지 잘 모르겠습니다.

Je ne connais pas ma taille à la française.

쥬 느 꼬내    빠 마 따이으 알 라 프랑쌔즈

---

제 치수를 좀 재어주십시오.

Prenez mes mesures, s'il vous plaît.

프르네  메  므쥐르    씰 부  쁠래

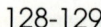

| 하얀색 | blanc/blanche | 블랑/블랑슈 |
|--------|---------------|-------------|
| 파란색 | bleu(e) | 블뢰 |
| 초록색 | vert(e) | 베르(뜨) |
| 검은색 | noir(e) | 누와르 |

## 다른 색깔은 없습니까?

Vous n'avez pas d'autres couleurs?

부　　나베　　빠　　도트르　　꿀뢰르╱

## 입어봐도 됩니까?

Je peux l'essayer?

쥬　뾔　레쎄이에╱

## 허리가 좀 큰데요.

C'est un peu grand à la taille.

쎄　　앵　뾔　그랑　　알 라 따이으

## 다른 치수로 보여 주십시오.

Montrez-moi une autre taille.

몽트레-무와　　윈　노트르 따이으

## 탈의실이 어디입니까?

Où se trouve la cabine d'essayage?

우　쓰　트루브 라 까빈느　데쎄이야쥬

**옷가게에서**

| | | |
|---|---|---|
| 크다 | grand | 그랑 |
| 작다 | petit | 쁘띠 |
| 짧다 | court | 꾸르 |
| 길다 | long | 롱 |

면 와이셔츠를 사고 싶습니다 (면 와이셔츠 있습니까?)

Je voudrais une chemise en coton.

쥬 부드래 윈느 슈미즈 앙 꼬똥

이것을 사겠습니다.

Je prends ça.

쥬 프랑 싸

이것은 마음에 안듭니다.

Ça ne me plaîtt pas.

싸 느 므 쁠래 빠

선물용으로 포장해 주시겠습니까?

Vous voulez faire un paquet-cadeau?

부 불레 패르 앵 빠께-꺄도↗

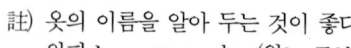

註) 옷의 이름을 알아 두는 것이 좋다.

원피스 une robe (윈느 로브)
투피스 un tailleur (앵 따이외르)
스웨터 un pull (앵 쀨)

| 엉덩이 | aux hanches | 오 장슈 |
|--------|-------------|--------|
| 면 | coton | 꼬똥 |
| 모직 | laine | 랜느 |
| 실크 | soie | 쑤와 |

| | | |
|--|--|--|
| 치마 | une jupe | (윈느 쥐쁘) |
| 블라우스 | un chemisier | (앵 슈미지에) |
| 자켓 | une veste | (윈느 베쓰뜨) |
| 바지 | un pantalon | (앵 빵딸롱) |
| 남자양복 | un costume | (앵 꼬쓰뜀므) |
| 와이셔츠 | une chemise | (윈느 슈미즈) |
| 외투 | un manteau | (앵 망또: 주로 여자외투) |
| | un pardessus | (앵 빠르드쒸: 주로 남자외투) |
| 반바지 | un bermuda | (앵 베르뮈다) |
| 허리띠 | une ceinture | (윈느 쎙뛰르) |
| 넥타이 | une cravate | (윈느 크라바뜨) |
| 목도리 | une écharpe | (윈느 에샤르쁘) |
| 스카프 | un foulard | (앵 풀라르) |
| 장갑 | des gants | (데 강) |

**옷가게에서**

# 구두/가방가게에서

구두가게, 제화점 un magasin de chaussures (앵 마가쟁 드 쇼쒸르) 가방가게 une maroquinerie (윈느 마로낀느리: 가방, 벨트 등 가죽제품 을 판매함)

진열장에 있는 검정색 구두를 신어보고 싶습니다.

Je voudrais essayer les chaussures noires dans la vitrine.

쥬 부드래 에쎄이에 레 쇼쒸르 누와르 당 라 비트린느

좀 작은데요.

C'est un peu serré.

쎄 앵 뾔 쎄레

좀 굽이 높은 것은 없습니까?

Ça n'existe pas avec un talon plus haut?

싸 네그지쓰뜨 빠 아벡 앵 딸롱 쁠뤼 오↗

이것은 무엇으로 만들었습니까? (재질이 무엇입니까?)

C'est fait en quoi?

쎄 패 앙 꾸와

(가리키면서) 이것과 동일한 디자인을 원합니다.

Je voudrais un modèle comme ça.

쥬 부드래 앵 모델 꼼 싸

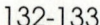

| 구두 | les chaussures | 레 쇼쉬르 |
|---|---|---|
| 부츠 | les bottes | 레 보뜨 |
| 높은 | haut | 오 |
| 낮은 | bas | 바 |

註) 가죽으로 만들었습니다.
C'est fait en cuir.
쎄      패 앙 뀌이르
쎄무로  en daim (앙 댕)
칠피로  en vernis (앙 베르니)

註) (어깨에 메고 다니는) 끈 있는 가방을 사고 싶습니다.
Je voudrais acheter un sac en bandoulière.
쥬 부드래   아슈떼 앙 싹 앙 방둘리에르

註) (손에 들고 다니는) 핸드백 un sac à main (앙 싹 아 맹)
(여행용) 큰가방  une valise (윈느 발리즈)
서류가방  une serviette (윈느 쎄르비에뜨)
지갑  un porte-feuille (앙 뽀르뜨-푀이으)
동전지갑  un porte-monnaie (앙 뽀르뜨-모내)

# 기타 쇼핑에 관한 단어

| 화장품 가게 | la parfumerie (라 빠르퓜므리) |
| 루즈(립스틱) | un rouge à lèvres (앵 루쥬 아 레브르) |
| 매니큐어 | un vernis à ongles (앵 베르니 아 옹글르) |
| 아이샤도우 | un pouche à paupières (앵 뿌슈 아 뽀삐에르) |
| 콤팩트 | un poudrier (앵 뿌드리에) |
| 향수 | un parfum (앵 빠르퓡) |
| 화운데이션 | un fond de teint (앵 퐁 드 땡) |

| 보석상 | la bijouterie (라 비쥬트리) |
| 장신구, 보석 | les bijoux (레 비쥬) |
| 반지 | une bague (윈느 바그) |
| 목걸이 | un collier (앵 꼴리에) |
| 팔찌 | un bracelet (앵 브라쓸레) |
| 손목시계 | une montre (윈느 몽트르) |

| 문구점 | la papeterie (라 빠쁘트리) |
| 만년필 | un stylo (앵 쓰띨로) |
| 볼펜 | un stylo à bille (앵 쓰띨로 아 비이으) |
| 싸인펜 | un feutre (앵 픠트르) |
| 연필 | un crayon (앵 크래용) |
| 그림엽서 | une carte postale (윈느 꺄르뜨 뽀쓰딸) |

| | |
|---|---|
| 포스터 | une affiche (윈느 아피슈) |
| 담배가게 | tabac (따바) : 담배, 우표, 라이터, 그림엽서 등을 살 수 있다. |
| 담배 | des cigarettes (데 씨가레뜨) |
| 궐련 | un cigare (앵 씨갸르) |
| 라이터 | un briquet (앵 브리께) |
| 썬글라스 | des lunettes de soleil (데 뤼네뜨 드 쏠레이으) |
| 우표 | un timbre (앵 땡브르) |
| 성냥 | des alumettes (데 잘뤼메뜨) |

**기타 쇼핑에 관한 단어**

# 항의·교환

잘못된 것이 있을때는 곧바로 항의를 하는 것이 좋다. 판매하는 측의 잘못일때는 교환·환불을 해 주도록 되어있다.

---

## 항의할 것이 있습니다.

J'ai une réclamation à faire.

쉐 윈느 레끌라마씨옹 아 패르

---

## (옷의 경우) 흠이 있습니다. (찢어진 곳이 있습니다)

C'est abîmé.

쎄 따비메

---

## (가전제품의 경우) 작동이 안됩니다.

Ça ne marche pas.

싸 느 마르슈 빠

---

## 다른 것으로 바꿔주시겠습니까?

Vous pouvez l'échanger contre autre chose?

부 뿌베 레샹줴 꽁트르 오트르 쇼즈↗

---

## 환불해주시겠습니까?

Vous pouvez me rembourser?

부 뿌베 므 랑부루쎄↗

---

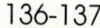

# 우편·전화

# 주의사항 한마디

**우편:**

　불란서의 우편망은 상당히 발달되어 있어 동네 곳곳에서 P. T. 혹은 P. T. T. 라고 쓰여진 우체국을 찾아 볼 수 있다. 업무시간은 아침 8시부터 저녁 5시 (동절기) 혹은 7시까지 (하절기)이며, 보통 12-2시 사이의 점심시간은 업무를 보지 않는 곳이 많다. 중앙 우체국을 비롯하여 파리 시내의 몇 몇 주요 우체국은 24시간 업무를 보기도 한다. 우표를 사기 위해서는 우체국까지 가지 않더라도 café-tabac (까페-따바)라고 쓰여진 담배가게에서도 살 수 있다.

**전화:**

　개인 전화를 설치하고 싶은 경우 국영기업으로 운영되고 있는 부근 전화국(Télécom)에 신청하면된다. 전화 설치를 신청하면 신청 즉시 전화번호와 전화기를 주며, 집에 있는 전화 코드에 꽂아두면 하루 정도 경과후 통화가 된다. 전화 신청시 처음에 따로 신청료는 없으며 매달 전화 요금에 약간씩 부가된다.

　공중전화의 경우 대부분이 전화카드를 사용하는 전화기이며 드물게 동전을 사용하는 전화기도 있다. 카드 전화기의 경우 다음과 같은 지시사항이 작은 화면에 나타나는데 이 지시대로 따르면된다. 즉, 처음 수화기를 들면

　Introduisez (카드를 넣으시오), 카드를 넣고나면

Patientez, SVP (기다리시오),

Fermez le volet (카드 삽입구 덮개를 닫으시오),

그리고 나서 원하는 전화번호를 돌려 전화를 하면된다. 통화후 수화기를 내려놓으면 화면에 Tirez (카드를 꺼내시오)라는 지시문과 함께 전화카드가 나온다. 만약 도중에 조작이 잘못된 경우 Recommencez (다시 시작하시오)라는 지시문이 나온다.

**주의사항 한마디**

# 우편

우체통과 우체국 간판은 한국과는 달리 노란색이며 'PTT' 또는 제비 도안이 그려져 있다. 우표나 그림 엽서는 우체국이 아니더라도 담배 가게, 슈퍼마켓, 호텔 매점 등에서도 구입할 수 있다. 한국으로 편지를 보낼 때 주소는 한글로 써도 되지만 끝에는 반드시 Corée du Sud (한국)라는 나라명과 par avion (항공편)이라는 것을 불어로 기입해야 한다.

---

우체국이 어디에 있습니까?

Où se trouve le bureau de poste?

우 쓰 트루브 르 뷔로 드 뽀쓰뜨

---

우표 두장 주십시오.

Deux(2) timbres, s'il vous plaît.

되 땡브르 씰 부 쁠래

---

이 소포를 항공편으로 부치고 싶습니다.

Je voudrais envoyer ce colis par avion.

쥬 부드래 앙부와예 쓰 꼴리 빠르 아비옹

---

이 소포의 무게를 달아 주시겠습니까?

Vous pouvez peser ce paquet?

부 뿌베 쁘제 쓰 빠께↗

---

우표는 어느 창구에서 삽니까?

Quel est le guichet pour les timbres-poste?

껠 에르 르 기쉐 뿌르 레 땡브르-뽀쓰뜨

---

140-141

| 우체통 | la boîte aux lettres | 라 부와뜨 오 레트르 |
| 우표 10장 묶음 | un carnet de timbres | 앵 꺄르네 드 땡브르 |
| 항공봉합엽서 | un aérogramme | 앵 아에로그람므 |
| 이 소포 | ce colis | 쓰 꼴리 |

### 전보를 보내고 싶습니다.

Je voudrais envoyer un télégramme.

쥬 부드래 앙부와예 앵 뗄레그람므

### 이편지를 등기로 보내고 싶습니다.

Je voudrais expédier cette lettre en recommandé.

쥬 부드래 엑쓰뻬리에 쎄뜨 레트르 앙 흐꼬망데

### 요금이 얼마입니까?

C'est combien?

쎄 꽁비엥

### 2유로짜리 우표 한장 주십시오.

Un timbre de 2 Euro, s'il vous plaît.

앵 땡브르 드 되 유로 씰 부 쁠래

### 언제쯤 도착할까요?

Ça arrivera quand?

싸 아리브라 깡

**우편**

# 전화걸기

불란서의 전화번호는 8자리 수로
전화번호를 말할 때는 두자리씩
끊어서 십단위로 읽는다.

공중전화가 어디에 있습니까?

Où est-ce qu'il y a un téléphone public?

우  에-쓰  낄 리 아 앵  뗄레폰느  쀠블릭

전화를 좀 써도 되겠습니까?

Je peux me servir de votre téléphone?

쥬  쁘  므 쎄르비르 드 보트르  뗄레폰느↗

시내통화를 하고 싶습니다.

Je voudrais téléphoner en ville.

쥬  부드래  뗄레포네  앙 빌르

국제전화를 하고 싶습니다.

Je voudrais téléphoner à l'étranger.

쥬  부드래  뗄레포네  아 레트랑제

수신자 부담으로 전화를 하고 싶습니다.

Je voudrais téléphoner en P.C.V.

쥬  부드래  뗄레포네  앙 뻬쎄베

| 공중전화박스 | une cabine téléphonique | 윈느 꺄빈느 뗄레포닉끄 |
| 전화번호부 | un annuaire téléphonique | 앵 아뉘애르 뗄레포니끄 |
| 요금 | tarif | 따립 |
| 자동응답기 | le repondeur | 르 레뽕되르 |

## 지역 번호가 몇번입니까?

Quel est le code régional?

껠 에 르 꼬드 레쥐오날

## 교환수를 부르려면 어떻게 해야합니까?

Qu'est-ce qu'on fait pour parler à la télé phoniste?

께-쓰 꽁 패 뿌흐 빠를레 알 라 뗄레포니쓰뜨

## 제 전화번호는 43-02-15-96입니다.

Mon numéro est le quarante-trois, zéro deux, quinze, quatre-vingtseize.

몽 뉘메로 에 르 43-02-15-96.

## (전화로) 뒤뽕씨 계십니까?

Monsieur Dupont est là?

머쓔 뒤뽕 엘 라↗

## 뒤뽕씨 좀 바꿔 주십시오.

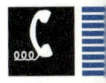

Je voudrais parler à Monsieur Dupont.

쥬 부드래 빠를레 아 머쓔 뒤뽕

**전화걸기**

| 여보세요! | allô! | 알로 |
| 듣고있습니다 | J'écoute | 줴꾸뜨 |
| 교환수 | standardiste | 쓰땅다르디쓰뜨 |
| 전화번호부 | annuaire | 아뉘애르 |

## 끊지 말고 기다리십시오.

Ne quittez pas!

느  끼떼  빠

## 통화중입니다.

La ligne est occupée.

라 리니으 에 또뀌뻬

## 아무도 전화를 받지 않습니다.

Personne ne répond.

뻬르쏜느  느  레뽕

## 메모를 남기고 싶습니다.

Je voudrais laisser un message.

쥬  부드래  래쎄  앵 메싸쥬

## 전화카드는 어디에서 팝니까?

On achète où la télé-carte?

옹  아셰뜨  우 라 뗄레-까르뜨

144-145

# 사고·문제가 생겼을 때

- 주의사항 한마디
- 약국에서
- 아플 때/병원에서
- 자동차 사고가 났을 때
- 도난, 분실의 경우

# 주의사항 한마디

## 약을 살 때:

약국은 녹색 십자가로 외부에 표시되어 있다. 불란서는 약국에서 간단한 소화제나 흔히 쓰이는 아스피린 이외의 다른 약은 의사 처방 없이는 살 수 없다. 따라서 약은 반드시 의사의 처방이 있어야 살 수 있다. 정기 휴일 등으로 약국이 문을 닫을 경우 영업중인 가장 가까운 약국 주소를 문에 게시해 두게 되어있다.

## 분실 및 도난:

치안 유지에 있어서 불란서의 거리는 비교적 안전하다고 할 수 있다. 그러나 대도시의 관광 명소에는 불량배나 짚시들이 몰려다니며 소매치기를 하거나 인적이 드문 시간이나 장소에서는 강도짓을 하기도 하므로 조심해야 한다. 특히 외국 관광객의 경우 관광지에서 젊은 여자와 아이들이 한꺼번에 몰려와서 관광객을 둘러싸고는 정신이 없게한 후 지갑 등을 소매치기 하는 경우가 종종 있다.

여권을 분실한 경우에는 즉시 우리나라 대사관에 신고하고 재발급을 받아야 한다. 여행자 수표를 분실한 경우에는 즉시 발행은행 지점에 신고하여 재발급을 받아야 한다. 이때 분실한 여행자 수표 번호를 알려주어야 하므로 반드시 여행자 수표 번호를 따로 알아 두는 것이 좋다.

주불 한국 대사관과 한국외환은행 파리 지점의 주소는

다음과 같다.

주불 한국대사관:

125, rue de Grenelle, 75007 Paris, France

tel : (01) 4753-0101

한국외환은행 파리 지점:

17-19, Av. Montaigne, 75008 Paris, France

tel : (01) 4720-6033

분실물 센타 :

36, rue des Morillons, Paris

tel : 45.31.14.80

S. O. S. 의사 :

tel : 47.07.77.77

43.37.77.77

S. O. S. 약국 :

84, Av. des Champs-Elysées, Paris

tel : 45.62.02.41

6, Bd des Capucines, Paris

tel : 42.65.88.29

**주의사항 한마디**

# 약국에서

약국에서는 보통 의사의 처방전 없이 약을 살수 없으므로 간단한 응급약 이외에 복용해야 하는 약이 있으면 미리 준비해서 가지고 가는 것이 좋다. 종이에 싼 가루약은 세관 등에서 마약으로 오해 받을 수도 있으니 조심해야 한다.

---

가장 가까운 약국은 어디에 있습니까?

Où se trouve la pharmacie la plus proche?

우 쓰 트루브 라 파르마씨 라 쁠뤼 프로슈

---

약국은 몇 시에 엽니까?

A quelle heure ouvre la pharmacie?

아 껠 뢰르 우브르 라 파르마씨

---

감기약을 좀 주십시오.

Je voudrais quelque chose pour un rhume.

쥬 부드래 껠끄 쇼즈 뿌르 앵 휨므

---

아스피린 좀 주십시오.

Je voudrais des aspirines.

쥬 부드래 데 자쓰피린느

---

이 약을 사려면 의사의 처방이 있어야 합니까?

Faut-il avoir une ordonnance pour ce médicament?

포-띨 아부와르 윈느 오르도낭쓰 뿌호 쓰 메디까망↗

# 아플 때 / 병원에서

아픈 부위를 말할 때 부록의 신체부위
를 참조할 것.

병원에 데려가 주십시오.

Voulez-vous me conduire à l'hôpital?

불레-부 　　　　 므 　꽁뒤르 　아 　로삐딸 ↗

---

몸이 좋지 않습니다.

Je ne me sens pas bien.

쥬 느 므 　쌍 　빠 비엥

---

의사가 필요합니다.

Il me faut un docteur.

일 므 　포 　앵 독뙤르

---

기운이 없습니다.

Je me sens faible.

쥬 므 쌍 패블르

---

머리가 아픕니다.

J'ai mal à la tête.

줴 　말 알라 떼뜨

| 이가 아픕니다. | J'ai mal aux dents | 쥬 말 오 당 |
| 목이 아픕니다. | J'ai mal à la gorge | 쥬 말 알 라 고르쥬 |
| 독감 | la grippe | 라 그리쁘 |
| 골절 | une fracture | 윈느 프락뛰르 |

### 배가 아픕니다.
J'ai mal au ventre.
쥬 말 오 방트르

### 여기가 아픕니다.
J'ai mal ici.
쥬 말 잇씨

### 감기입니다.
J'ai un rhume.
쥬 앵 휨므

### 열이 있습니다.
J'ai de la fièvre.
쥬 들 라 피에브르

### 현기증이 납니다.
J'ai des vertiges.
쥬 데 베르띠쥬

| 화상 | une brûlure | 윈느 브륄뤼르 |
|------|-------------|--------------|
| 타박상 | une contusion | 윈느 꽁뛰지옹 |
| 설사 | la diarrhée | 라 디아레 |
| 얼마입니까? | C'est combien? | 쎄 꽁비엥 |

## 처방전을 써주실 수 있습니까?

**Voulez-vous me donner une ordonnance?**

불레-부　　　므　도네　윈느　오르도낭쓰

## 진료비는 얼마 입니까?

**Quels sont vos honoraires?**

껠　　쏭　보　조노래르

## 이 약을 하루에 몇번 먹어야 합니까?

**Combien de fois par jour dois-je prendre ce médicament?**

꽁비엥 드 푸와 빠르 쥬르 두와-쥬 프랑드르 쓰 메디까망

## 나는 이 약을 먹고 있습니다.

**Je prends ce médicament.**

쥬　프랑　쓰　메디까망

## 나는 임신중입니다.

**J'attends un bébé.**

쟈땅　　　앵　베베

**아플 때/병원에서**

| 의사 | médecin | 메드쌩 |
| 간호원 | infirmière | 앵피르미에르 |
| 수술 | opération | 오뻬라씨옹 |
| 혈액형 | groupe sanguin | 그룹 쌍갱 |

입을 벌려 보세요.

Ouvrez la bouche.

우브레 라 부슈

혀를 내밀어 보세요.

Tirez la langue.

띠레 라 랑그

기침을 해 보세요.

Toussez.

뚜쎄

심호흡을 해보세요.

Respirez profondément.

레쓰삐레 프로퐁데망

구급차를 불러 주십시오.

Faites venir une ambulance.

패뜨 브니르 윈느 앙뷜랑쓰

# 자동차 사고가 났을 때

자동차 사고가 났을 때는 당황하지 말고 경찰이나 주위사람의 도움
을 구해야 한다. 부상자가 있을 때는 부상자 부터 먼저 처리해야
한다.

---

## 교통사고가 났습니다.

Il y a un accident de la circulation.

일 리 아 앵 악씨당　　들 라 씨르퀼라씨옹

---

## 도와주십시오.

Aidez-moi, s'il vous plaît.

애데-무와　　씰　부　쁠래

---

## 구급차를 즉시 불러주십시오.

Appelez tout de suite une ambulance, s'il vous plaît.

아쁠레　뚜 드쒸이뜨 윈느 앙뷜랑쓰　씰 부 쁠래

---

## 부상자가 있습니다.

Il y a des blessés.

일 리 아 데 블레쎄

---

## 경찰에 신고해야 합니까?

Il faut avertir la police?

일 포 아베르띠르 라 뽈리쓰╱

# 도난, 분실의 경우

여권은 항상 휴대하고, 휴대하기 어려운 귀중품은 후론트에 맡기는 것이 좋다. 도난을 당했을 때는 호텔 내부에서 일어난 일이면 후론트에, 거리에서 일어난 일이면 경찰에 신고한다.

---

**여권을 분실했습니다.**

J'ai perdu mon passeport.

줴 뻬르뒤 몽 빠쓰뽀르

---

**아이를 잃어버렸습니다.**

J'ai perdu mon enfant.

줴 뻬르뒤 몽 앙팡

---

**경찰을 불러주십시오.**

Appelez la police, s'il vous plaît.

아쁠레 라 뽈리쓰 씰 부 쁠래

---

**카메라를 도난 당했습니다.**

On m'a volé l'appareil photo.

옹 마 볼레 라빠레이으 포또

---

**도난 신고를 하려는데요.**

Je voudrais faire une déclaration de vol.

쥬 부드래 패르 윈느 데끌라라씨옹 드 볼

| 가방 | mon sac | 몽 싹 |
|------|---------|------|
| 지갑 | mon porte-feuille | 몽 뽀르뜨-푀이으 |
| 딸 | mon fils | 몽 피쓰 |
| 아들 | ma fille | 마 피이으 |

## 분실물 보관소가 어디에 있습니까?

Où se trouve le bureau des objets trouvés.

우 쓰 트루브 르 뷔로 데 조브줴 트루베

## 어떻게 해야 합니까?

Qu'est-ce que je dois faire?

께-쓰 끄 쥬 두와 패르

## 도둑이야!

Au voleur!

오 볼뢰르

## 서둘러요!

Dépêchez-vous.

데뻬쉐-부

## 사람살려!

Au secours.

오 쓰꾸르

**도난, 분실의 경우**

| 경관 | agent de police | 아쟝 드 뽈리쓰 |
|------|-----------------|----------------|
| 경찰 | police | 뽈리쓰 |
| 도둑 | voleur | 볼뢰르 |
| 강도 | cambrioleur | 깡브리올뢰르 |

## 저 사람을 잡아주세요!

Arrêtez cet homme!

아레떼 쎄 똠므

## 빨리!

Vite!

비뜨

## 위험해요!

Danger!

당줴

## 조심하세요!

Attention!

아땅씨옹

## 정지!

Halte!

알뜨

# 부록

# 어 휘

## 가구

| | |
|---|---|
| 가구 | meuble (*m*) 뫼블르 |
| 거울 | miroir (*m*) 미루와르, glace (*f*) 글라쓰 |
| 라디오 | radio (*f*) 라디오 |
| | poste (*m*) de radio 뽀쓰뜨 드 라디오 |
| 벽장 | placard (*m*) 쁠라꺄르 |
| 샤워(기) | douche (*f*) 두슈 |
| 샹들리에 | lustre (*m*) 뤼쓰트르 |
| 서랍장 | commode (*f*) 꼬모드 |
| 선반 | étagère (*f*) 에따제르 |
| 소파 | canapé (*m*) 꺄나뻬, sofa (*m*) 쏘파 |
| 스탠드 | lampe (*f*) 랑쁘 |
| 시계 | pendule (*f*) 빵뒬르 (추시계), |
| | horloge (*f*) 오를로쥬 (괘종시계), |
| | réveil (*m*) 레베이으 (자명종 시계), |
| | montre (*f*) 몽트르 (손목시계) |
| 쓰레기통 | poubelle (*f*) 뿌벨르 |
| 안락의자, 팔걸이가 있는 의자 | fauteuil (*m*) 포뙤이으 |
| 양탄자 | tapis (*m*) 따삐 (일정한 크기로 이미 짜놓은 것), |
| | moquette (*f*) 모께뜨 (바닥 크기에 맞추어 까는것) |
| 액자 (그림) | tableau (*m*) 따블로 |
| 옷장, 장롱 | armoire (*f*) 아르무와르 |

| 욕조 | baignoire (f) 배뉴와르 |
|---|---|
| 의자 | chaise (f) 쉐즈 |
| 전구 | ampoule (f) 앙뿔르 |
| 전등 | lampe (f) 랑쁘, lumière (f) 뤼미에르 |
| 전화 | téléphone (m) 뗄레폰느 |
| 책상 (사무용) | bureau (m) 뷔로 |
| 책장 | bibliothèque (f) 비블리오떼끄 |
| 침대 | lit (m) 리 |
| 커텐 | rideaux (m. pl.) 리도 |
| 컴퓨터 | ordinateur (m) 오르디나뙤르 |
| 탁자 | table (f) 따블르 |
| 테레비 | télévision (f) 뗄레비지옹 |

## 가전제품

| 가스렌지 | cuisinière (à gaz) (f) 뀌지니에르 (아 갸즈) |
|---|---|
| 건전지 | pile (f) 삘르 |
| 계산기 | calculatrice (f) 꺌뀔라트리쓰 |
| 냉장고 | réfrigérateur (m) 레프리졔라뙤르 |
| | frigo (m) 프리고 |
| 녹음기 | magnétophone (m) 마녜또폰느 |
| 다리미 | fer (à repasser) (m) 페르 (아 르빠쎄) |
| 라디오 | radio (f) 라디오 |
| | radio-cassette (f) 라디오-꺄쎄뜨(카세트 라디오) |
| | transistor (m) 트랑지쓰또르 (트랜지스터) |

레코드　disque (*m*) 디쓰끄

리모콘　télécommande (*f*) 뗄레꼬망드

　　　　commande à distance (*f*) 꼬망드 아 디쓰땅쓰

비데오　magnétoscope (*m*) 마녜또쓰꼬쁘

비데오 테이프　cassette vidéo (*f*) 꺄쎄뜨 비데오

사진기　appareil-photo (*m*) 아빠레이으-포또

세탁기　machine à laver (*f*) 마쉰느 아 라베

　　　　lave linge (*m*) 라브 랭쥬

스피커　enceinte (*f*) 앙쎙뜨

　　　　haut-parleur (*m*) 오-빠를뢰르

재봉틀　machine à coudre (*f*) 마쉰느 아 꾸드르

전기면도기　rasoir électrique (*m*) 라주와르 엘렉트리끄

전자렌지　four micro-ondes (*m*) 푸르 미크로-옹드

전축, 오디오　chaîne hi-fi 쉔느 이-피

전화기　téléphone (*m*) 뗄레폰느

　　　　téléphone sans fil (*m*) 뗄레폰느쌍필(무선전화기)

진공청소기　aspirateur (*m*) 아쓰삐 라뙤르

카세트 (워크맨)　baladeur (*m*) 발라되르

카세트 테이프　cassette (*f*) 꺄쎄뜨

커피포트　cafetière (*f*) 꺄프띠에르

컴펙트 디스크 플레이어　platine laser (*f*) 쁠라띤느 라제르

컴펙트 디스크(CD)　disque compact (*m*) 디쓰끄 꽁빡뜨

컴퓨터　ordinateur (*m*) 오르디나뙤르

턴테이블　platine disque (*f*) 쁠라띤느 디쓰끄

텔레비젼　télévision (*f*) 뗄레비지옹, téléviseur couleur

(m) 떼레비죄르 꿀뢰르 (칼라 텔레비젼)

헤드폰　　casque (m) 꺄쓰끄

헤어드라이어　　sèche-cheveux (m) 쎄슈-슈뵈

## 가족·친척

가족　　famille (f) 파미이으

부모　　les parents (m) 레 빠랑

아버지　　père (m) 뻬르, papa (m) 빠빠

어머니　　mère (f) 메르, maman (f) 마망

아들　　fils (m) 피쓰

딸　　fille (f) 피이으

조부모　　les grands-parents (m) 레 그랑-빠랑

할아버지　　grand-père (m) 그랑-뻬르, pépé (m) 뻬뻬

할머니　　grand-mère (f) 그랑-메르, mémé (f) 메메

손자　　petit-fils (m) 쁘띠-피쓰

손녀　　petite-fille (f) 쁘띠뜨-피이으

형제 (형, 오빠, 남동생)　　frère (m) 프레르

자매 (언니, 누나, 여동생)　　soeur (f) 쐬르

첫째 (장남, 장녀)　　aîné 애네, (fils aîné 피쓰 애네
　　　　　　　　　　 fille aînée 피이으 애네)

둘째 (차남, 차녀)　　cadet (cadette) 꺄데 (꺄데뜨)

막내　　benjamin (benjamine) 벤쟈맹 (벤쟈민느)

삼촌 (숙부), 외삼촌 (외숙부), 고모부, 이모부, 아저씨　　oncle
　　　　　(m) 옹끌르

| | | |
|---|---|---|
| 고모, 이모, 숙모, 외숙모, 아주머니 | tante (f) | 땅뜨 |
| 사촌 | cousin (cousine) | 꾸쟁 (꾸진느) |
| 조카 | neveu (nièce) | 느뵈 (니에쓰) |
| 부부 | couple (m) | 꾸쁠르 |
| 남편 | mari (m) 마리, époux (m) 에쁘 | |
| 아내 | femme (f) 팜므, épouse (f) 에뿌즈 | |
| 시아버지, 장인, 계부 | beau-père (m) | 보-뻬르 |
| 시어머니, 장모, 계모 | belle-mère (f) | 벨-메르 |
| 사위 | gendre (m) | 쟝드르 |
| 며느리 | belle-fille (f) | 벨-피이으 |
| 매형, 처남, 동서, 형부 | beau-frère (m) | 보-프레르 |
| 시누이, 올케, 처형, 처제, 형수, 제수 | belle-soeur (f) | |
| | | 벨-쐬르 |
| 시가, 처가 | belle-famille 벨-파미이으 | |
| 대부 | parrain (m) | 빠랭 |
| 대모 | marrain (f) | 마랭 |

## 과일·야채

| | | |
|---|---|---|
| 사과 | pomme (f) | 뽐므 |
| 배 | poire (f) | 뿌와르 |
| 포도 | raisin (m) | 래젱 |
| 귤 | mandarine (f) | 망다린느 |
| 오렌지 | orange (f) | 오랑쥬 |
| | jus (m) d'orange 쥐 도랑쥬 (오렌지 쥬스) | |

| | | |
|---|---|---|
| 복숭아 | pêche (f) | 뻬슈 |
| 수박 | pastèque (f) | 빠쓰떼끄 |
| 참외, 멜론 | melon (m) | 믈롱 |
| 토마토 | tomate (f) | 또마뜨 |
| 바나나 | banane (f) | 바난느 |
| 파인애플 | ananas (m) | 아나나 |
| 버찌, 체리 | cerise (f) | 쓰리즈 |
| 딸기 | fraise (f) | 프래즈 |
| 산딸기 | framboise (f) | 프랑부와즈 |
| 살구 | abricot (m) | 아브리꼬 |
| 자두 | prune (f) | 프륀느 |
| 양다래, 키위 | kiwi (m) | 끼위 |
| 자몽 | pamplemousse (f) | 빵쁠르무쓰 |
| 밤 | châtaigne (f) | 샤때니으 |
| 감 | kaki (m) | 까끼 |
| 레몬 | citron (m) | 씨트롱 |
| 옥수수 | mais (m) | 마이쓰 |
| 홍당무, 당근 | carotte (f) | 꺄로뜨 |
| 배추 | chou (m) 슈 (양배추), chou chinois 슈 쉬누와 | |
| | (우리나라에서 김치 담글 때 쓰는 배추) | |
| 무우 | navet (m) | 나베 |
| 버섯 | champignon (m) | 샹삐뇽 |
| 감자 | pomme de terre (f) | 뽐므 드 떼르 |
| 상추 | laitue (f) | 래뛰 |
| 파 | poireau (m) | 뿌와로 |

**어휘**

| | |
|---|---|
| 양파 | oignon (*m*) 오니옹 |
| 마늘 | ail (*m*) 아이으 |
| 고추 | piment (*m*) 삐망, poivron (*m*) 뿌와브롱 (피망) |
| 후추 | poivre (*m*) 뿌와브르 |
| 시금치 | épinard (*m*) 에삐나르 |
| 콩나물 | soja (*m*) 쏘쟈 |
| 쌀 | riz (*m*) 리 |
| 밀 | blé (*m*) 블레 |

## 교육

| | |
|---|---|
| 교육 | enseignement (*m*) 앙쎄니으망 |
| | éducation (*f*) 에뒤까씨옹 |
| 교육기관 | établissement d'enseignement (*m*) |
| | 에따블리쓰망 당쎄니으망 |
| 교육제도 | système d'enseignement (*m*) 씨쓰뗌 당쎄니으망 |
| 등록 | inscription (*f*) 앵쓰크립씨옹 |
| 등록금 | frais d'inscription (*m*) 프래 댕쓰크립씨옹 |
| | droit d'inscription (*m*) 드루와 댕쓰크립씨옹 |
| 수강신청 | inscription pédagogique (*f*) |
| | 앵쓰크립씨옹 뻬다고쥐끄 |
| 초등교육 | enseignement primaire (*m*) 앙쎄니으망 프리매르 |
| | éducation élémentaire (*f*) 에뒤까씨옹 엘레망때르 |
| 중등교육 (중/고등학교) | enseignement secondaire (*m*) |
| | 앙쎄니으망 쓰공대르 |

| | |
|---|---|
| 고등교육 (대학교) | enseignement supérieur (m) |
| | 앙쎄니으망 쒸뻬리외르 |
| 학교 | école (f) 에꼴 |
| 유치원 | école maternelle (f) 에꼴 마떼르넬 |
| | jardin d'enfants (m) 쟈르댕 당팡 |
| 국민학교 | école primaire (f) 에꼴 프리매르 |
| 중학교 | école secondaire (f) 에꼴 쓰공대르 |
| | collège (m) 꼴레쥬 |
| 고등학교 | lycée (m) 리쎄 |
| 대학교 | université (f) 위니베르씨떼, faculté (f) 파뀔떼 |
| 공립학교 | école publique (f) 에꼴 쀠블리끄 |
| | école communale (f) 에꼴 꼬뮈날 |
| 사립학교 | école privée (f) 에꼴 프리베 |
| 학사 | licence (f) 리쌍쓰 |
| 석사 | maîtrise (f) 매트리즈 |
| 박사 | doctorat (m) 독또라 |
| 수업 | cours (m) 꾸르, classe (f) 끌라쓰 |
| 교실, 강의실 | salle de classe (f) 쌀 드 끌라쓰 |
| 입학 | entrée (f) 앙트레 |
| 입학식 | cérémonie d'entrée (f) 쎄레모니 당트레 |
| 졸업 | fin d'étude (f) 팽 데뛰드 |
| 졸업식 | cérémonie de la remise des diplômes (f) |
| | 쎄레모니 들 라 르미즈 데 디쁠롬 |
| 졸업생 | diplômé(e) 디쁠로메 |
| | ancien(ne) élève 앙씨엥 엘레브 |

**어휘**

| | |
|---|---|
| 졸업시험 | examen de fin d'étude (*m*) 에그자맹 드 팽 데뛰드 |
| 논문 | mémoire (*m*) 메무와르 (학사, 석사), |
| | thèse (*f*) 떼즈 (박사) |
| 과목 | matière (*f*) 마띠에르; matière obligatoire 마 |
| | 띠에르 오블리가뚜와르 (필수과목); |
| | matière à option 마띠에르 아 옵씨옹 (선택과목) |
| 장학금 | bourse (*f*) 부르쓰 |
| 장학생 | boursier(ière) 부르씨에 (부르씨에르) |
| 숙제 | devoir (*m*) 드부와르 |
| 방학 | vacances (*f, pl*) 바깡쓰; |
| | vacances d'été 바깡쓰 데떼 (여름방학); |
| | vacances d'hiver 바깡쓰 디베르 (겨울방학) |
| 개학 | rentrée des classes (*f*) 랑트레 데 끌라쓰 |
| | rentrée secolaire (*f*) 랑트레 쓰꼴래르 |
| 학생증 | carte d' éudiant (*f*) 까르뜨 데뛰디앙 |
| 기숙사 | cité universitaire (*f*) 씨떼 위니베르씨때르 |
| | résidence universitaire (*f*) |
| | 레지당쓰 위니베르씨때르 |
| 총장 | recteur (*m*) 헥뙤르, président (*m*) 프레지당 |
| 학장 | doyen (*m*) 두와앵, président (*m*) 프레지당 |
| 교장 | principal (*m*) 프랭씨빨, directeur (*m*) 디렉뙤르 |
| 학과장 | directeur (*m*) 디렉뙤르 |
| | responsable (n) 레쓰뽕싸블르 |
| 과사무실 | secrétariat du département (*m*) |
| | 쓰크레따리아 뒤 데빠르뜨망 |

| | |
|---|---|
| 과대표 | président des étudiants (*m*) 프레지당 데 제뛰디앙 |
| 대입학력고사 | baccalauréat (*m*) 바깔로레아, bac (*m*) 박 |
| 논문심사 | soutenance (*f*) 쑤뜨낭쓰 |
| 지도교수 | directeur (de thèse, de mémoire) (*m*) 디렉뙤르 (드 떼즈, 드 메무와르) |
| 교육부 | ministère de l'Education Nationale (*m*) 미니쓰떼르 들 레뒤까씨옹 나씨오날 |
| 교육부 장관 | ministre de l'Education Nationale (*m*) 미니쓰트르 들 레뒤까씨옹 나씨오날 |

## 도로·교통

| | |
|---|---|
| 교통 | circulation (*f*) 씨르뀔라씨옹, trafic (*m*) 트라픽 |
| 도로 | route (*f*) 루뜨; route nationale 루뜨 나씨오날 (국도); route départementale 루뜨 데빠르뜨망딸 (지방도) |
| 고속도로 | autoroute (*f*) 오또루뜨 |
| 길 | chemin (*m*) 슈맹, rue (*f*) 뤼, avenue (*f*) 아브뉘 (대로), boulevard (*m*) 불르바르 (대로) |
| 보도 | trottoir (*m*) 트로뚜와르 |
| 철도 | chemin de fer (*f*) 슈맹 드 페르 |
| 수로 | canal (*m*) 꺄날 |
| 활주로 | piste (*f*) 삐쓰뜨 |
| 터널 | tunnel (*m*) 뛰넬 |

**어휘**

| 역 | gare (*f*) 갸르 (기차역), |
| | station de métro (*f*) 쓰따씨옹 드 메트로 (지하철역), |
| | arrêt d'autobus (*m*) 아레 도또뷔쓰 (버스정류장) |
| 공항 | aéroport (*m*) 아에로뽀르, |
| | aérogare (*f*) 아에로갸르 (공항 청사) |
| 갈아 타는 곳 | correspondance (*f*) 꼬레쓰뽕당쓰 |
| 정비소 | garage (*m*) 가라쥬 |
| 주유소 | station-service (*f*) 쓰따씨옹-쎄르비쓰 |
| 대합실 | salle d'attente (*f*) 쌀 다땅뜨 |
| 관제탑 | tour de contrôle (*f*) 뚜르 드 꽁트롤 |
| 조종사 | pilote (*m*) 삘로뜨 |
| 비행기승무원,스튜어디스 | hôtesse de l'air (*f*) 오떼쓰드래르 |
| 행인 | piéton (piétonne) 삐에똥 (삐에똔느) |
| 승객 | passager (*m*) 빠싸졔 (비행기 승객), voyageur |
| | (*m*) 부와야줴르 (철도, 선박, 자동차 승객) |
| 화물 | marchandise (*f*) 마르샹디즈 |
| 횡단보도, 건널목 | passage piéton (*m*) 빠싸쥬 삐에똥 |
| | passage clouté (*m*) 빠싸쥬 끌루떼 |
| 신호등 | feux tricolores (*m,pl*) 푀 트리꼴로르 |
| 교통 표지판 | panneau (*m*) 빠노 |
| 교통법규 | code de la route (*m*) 꼬드 들 라 루뜨 |
| 교통 순경 | agent de la circulation (*m*) |
| | 아쟝 들 라 씨르뀔라씨옹 |
| 교통사고 | accident de la circulation (*m*) |
| | 악씨당 들 라 씨르뀔라씨옹 |

러쉬아워　　heures d'affluence (*f,pl*) 외르 다플뤼앙쓰
　　　　　　heures de pointe (*f,pl*) 외르 드 뿌앵뜨

# 동물

| | |
|---|---|
| 개 | chien (*m*) 쉬엥 |
| 개구리 | grenouille (*f*) 그르누이으 |
| 개미 | fourmi (*f*) 푸르미 |
| 거북이 | tortue (*f*) 또르뛰 |
| 고래 | baleine (*f*) 발렌느 |
| 고양이 | chat (*m*) 샤 |
| 곰 | ours (*m*) 우르쓰 |
| 기린 | girafe (*f*) 쥐라프 |
| 나비 | papillon (*m*) 빠삐용 |
| 낙타 | chameau (*m*) 샤모 |
| 늑대 | loup (*m*) 루 |
| 다람쥐 | écureuil (*m*) 에뀌뢰이으 |
| 닭 | coq (*m*) 꼬끄 (수탉), poule (*f*) 뿔르 (암탉) |
| 돼지 | cochon (*m*) 꼬숑 |
| 말 | cheval (*m*) 슈발 (숫말), jument (*f*) 쥐망 (암말) |
| 모기 | moustique (*m*) 무쓰띠끄 |
| 벌 | abeille (*f*) 아베이으 |
| 병아리 | poussin (*m*) 뿌쌩 |
| 사슴 | cerf (*m*) 쎄르 (수사슴), biche (*f*) 비슈 (암사슴) |
| 사자 | lion (*m*) 리옹 |

| | |
|---|---|
| 소 | boeuf (*m*) 뵈프 (황소), vache (*f*) 바슈 (암소) |
| 송아지 | veau (*m*) 보 |
| 악어 | crocodile (*m*) 크로꼬딜르, |
| | alligator (*m*) 알리가또르 |
| 양 | mouton (*m*) 무똥 |
| 얼룩말 | zèbre (*m*) 제브르 |
| 여우 | renard (*m*) 르나르 |
| 오리 | canard (*m*) 꺄나르 |
| 원숭이 | singe (*m*) 쌩쥬 |
| 잠자리 | libellule (*f*) 리벨뤼르 |
| 쥐 | souris (*f*) 쑤리, rat (*m*) 라 |
| 캉가루 | kangourou (*m*) 깡구루 |
| 코끼리 | éléphant (*m*) 엘레팡 |
| 토끼 | lapin (*m*) 라뺑 |
| 파리 | mouche (*f*) 무슈 |
| 표범 | léopard (*m*) 레오빠르 |
| 하마 | hippopotame (*m*) 이뽀뽀땀므 |
| 호랑이 | tigre (*m*) 띠그르 |

## 문구류·사무용품

| | |
|---|---|
| 가방 | sac (*m*) 싹, |
| 여행가방 | sac de voyage (*m*) 싹 드 부와야쥬, |
| | valise (*f*) 발리즈 |
| 책가방 | sac de cours (*m*) 싹 드 꾸르, |

|          | cartable (f) 꺄르따블르 |
| 배낭 | sac à dos (m) 싹 까 도 |
| 서류가방 | serviette (f) 쎄르비에뜨 |
| 가위 | ciseaux (m, pl) 씨조 |
| 계산기 | calculatrice (f) 깔뀔라트리쓰 |
| 공책 | cahier (m) 까이에 |
| 만년필 | stylo (m) 쓰띨로 |
| 매직펜 | marqueur (m) 마르꾀르 |
| 메모리펜 | stylo surligneur (m) 쓰띨로 쒸르리녜르 |
|          | surligneur (m) 쒸르리녜르 |
| 물감 | peinture (f) 뼁뛰르 |
| 볼펜 | bille (f) 비이으, stylo à bille (m) 쓰띨로아비이으 |
| 분필 | craie (f) 크래 |
| 붓 | pinceau (m) 뼁쏘 |
| 사전 | dictionnaire (m) 딕씨오내르 |
| 색연필 | crayon de couleur (m) 크래용 드 꿀뢰르 |
| 싸인펜 | feutre (m) 푀트르 |
| 압핀 | punaise (f) 쀠내즈 |
| 연필 | crayon (m) 크래용 |
| 연필깎기 | taille-crayons (m) 따이으-크래용 |
| 자 | règle (f) 레글르 |
| 종이 | feuille (f) 푀이으 |
| 지우개 | gomme (f) 곰므 |
| 책 | livre (m) 리브르 |
| 책장 | bibliothèque (f) 비블리오떼끄 |

| | | |
|---|---|---|
| 칠판, 흑판 | tableau noir (m) | 따블로 누와르 |
| 컴퓨터 | ordinateur (m) | 오르디나뙤르 |
| 크레용 | crayon feutre (m) | 크래용 푀트르 |
| 클립 | trombone (m) | 트롱본느 |
| 타자기 | machine à écrire (f) | 마쉰느 아 에크리르 |
| 테이프 | ruban adésif (m) | 뤼방 아데짚 |
| | adésif transparent | 아데짚트랑쓰빠랑(스카치테이프) |
| 파스텔 | crayon pastel (m) | 크래용 빠쓰뗄 |
| 풀 | colle (f) | 꼴르 |
| 필통 | trousse (f) 트루쓰, fourre-tout (m) | 푸르-뚜 |
| 화일 | classeur (m) | 끌라쐬르 |

## 방송·언론매체

| | | |
|---|---|---|
| 언론 | presse (f) | 프레쓰 |
| 언론사, 통신사 | agence de presse (f) | 아쟝쓰 드 프레쓰 |
| 신문 | journal (m) | 쥬르날 |
| 잡지 | revue (f) 르뷔, magazine (m) | 마가진느 |
| 일간지 | quotidien (m) | 꼬띠디엥 |
| 주간지 | revue hebdomadaire (f) | 르뷔 에브도마대르 |
| | hébdomadaire (m) | 에브도마대르 |
| 월간지 | revue mensuelle (f) | 르뷔 망쒸엘 |
| 계간지 | revue trimestrielle (f) | 르뷔 트리메쓰트리엘 |
| 시사잡지 | revue d'information (f) | 르뷔 댕포르마씨옹 |
| 일반 교양잡지 | revue de formation générale (f) | |
| | | 르뷔 드 포르마씨옹 줴네랄 |

| | |
|---|---|
| 전문잡지 | revue spécialisée (f) 르뷔 쓰페씨알리제 |
| 기자 | journaliste (n) 쥬르날리쓰뜨 |
| 기사 | article (m) 아르띠끌르 |
| 정기구독 | abonnement (m) 아본느망 |
| 정기 간행물 | périodique (m) 뻬리오디끄 |
| 기자회견 | conférence de presse (f) 꽁페랑쓰 드 프레쓰 |
| 방송 | émission (f) 에미씨옹; |
| | émission en direct 에미씨옹 앙 디렉뜨 (생방송); |
| | émission en différé 에미씨옹 앙 디페레 (녹화방송) |
| 방송국 | station (de télévision, de radio) (f) |
| | 쓰따씨옹 (드 뗄레비지옹, 드 라디오) |
| 중계방송 | retransmission (f) 르트랑쓰미씨옹; |
| | retransmission en direct (f) |
| | 르트랑쓰미씨옹 앙 디렉뜨 (생중계); |
| | retransmission en différé (f) |
| | 르트랑쓰미씨옹 앙 디페레 (녹화중계) |
| 라디오 | radio (f) 라디오 |
| 텔레비젼 | télévision (f) 뗄레비지옹 |
| 채널 | chaîne (f) 쉔느 |
| 텔레비젼 방송국 | chaîne de télévision (f) 쉔느드뗄레비지옹 |
| 텔레비젼 시청자 | téléspectateur 뗄레쓰뻭따뙤르 |
| 청취자 | auditeur 오디뙤르 |
| 독자 | lecteur 렉뙤르 |
| 아나운서 | présentateur 프레장따뙤르 (뉴스), |
| | speaker (m) 쓰뻬께르 |

**어휘**

| | | |
|---|---|---|
| 사회자 | animateur | 아니마뙤르 |
| 인터뷰 | interview (f) | 앵떼르뷰 |
| 르뽀 | reportage (m) | 르뽀르따쥬 |
| 잡보, 삼면기사 | faits divers (m, pl) | 패 디베르 |
| 스타 | star (f) 쓰따르, vedette (f) | 브데뜨 |
| 방송순서 | programme (m) | 프로그람므 |
| 쇼 | variétés (f, pl) | 바리에떼 |
| 영화 | film (m) 필므, cinéma (m) | 씨네마 |
| 미니시리즈 | téléfilm (m) | 뗄레필므 |
| 주간 연속극 | série (f) | 쎄리 |
| 일일 연속극 | feuilleton (m) | 푀이으똥 |
| 뉴스 | journal télévisé (m) | 쥬르날 뗄레비제 |
| | informations (f, pl) | 앵포르마씨옹 |
| | actualités (f, pl) | 악뛰알리떼 |
| 기록영화 | documentaire (m) | 도뀌망때르 |
| 일기예보 | météo (f) | 메떼오 |
| 만화영화 | dessin animé (m) | 데쌩 아니메 |

## 상점·공공기관

| | | |
|---|---|---|
| 식료품점 | épicerie (f) | 에뻬쓰리 |
| 푸주간 | boucherie (f) | 부슈리 |
| 어물전 | poissonnerie (f) | 뿌와쏜느리 |
| 제과점, 빵집 | boulangerie (f) | 불랑쥬리 |
| | patisserie (f) | 빠띠쓰리 |

| 슈퍼마켓 | supermarché (*m*) 쉬뻬르마르셰 |
| 시장 | marché (*m*) 마르셰 |
| 약국 | pharmacie (*f*) 파르마씨 |
| 서점 | librairie (*f*) 리브래리 |
| 문방구 | papeterie (*f*) 빠쁘트리 |
| 다방 | café (*m*) 꺄페 |
| 옷가게 | magasin de vêtements (*m*) 마가쟁 드 베뜨망 |
| 백화점 | grand magasin (*m*) 그랑 마가쟁 |
| 식당 | restaurant (*m*) 레쓰또랑 |
| 도청 | préfecture (*f*) 프레펙뛰르 |
| 시청 | hôtel de ville (*m*) 오뗄 드 빌르, mairie (*f*) 매리 |
| 구청 | mairie (*f*) 매리 |
| 은행 | banque (*f*) 방끄 |
| 병원 | hôpital (*m*) 오삐딸 |
| 우체국 | poste (*f*) 뽀쓰뜨 |
| | bureau de poste (*m*) 뷔로 드 뽀쓰뜨 |
| 경찰서 | commissariat (de police) (*m*) 꼬미싸리아 (드 뽈리쓰) |
| 박물관 | musée (*m*) 뮈제 |
| 극장 | théâre (*m*) 떼아트르 |
| 영화관 | cinéma (*m*) 씨네마 |
| 교회 | église (*f*) 에글리즈 |
| 성당 | cathédrale (*f*) 꺄떼드랄 |
| 주차장 | parking (*m*) 빠르낑 |

**어휘**

# 식기

| 식기 | service de table (*m*) 쎄르비쓰드따블르(식기한벌) |
| | vaisselle (*f*) 배쎌 (특히 접시 종류) |
| 숟가락 | cuiller (cuillère) (*f*) 뀌이예르 |
| | cuiller à soupe 뀌이예르 아 쑤쁘(보통 큰 숟가락) |
| | cuiller à café 뀌이예르 아 꺄페 (작은 차 숟가락) |
| 젓가락 | baguettes (*f, pl*) 바게뜨 |
| 포크 | fourchette (*f*) 푸르셰뜨 |
| 칼, 나이프 | couteau (*m*) 꾸또 |
| 접시 | assiette (*f*) 아씨에뜨 |
| | assiette plate 아씨에뜨 쁠라뜨 (납작한 접시), |
| | assiette creuse 아씨에뜨 크뢰즈 (수우프용 움 |
| | 푹한 접시), |
| | assiette à dessert 아씨에뜨아 데쎄르(후식 접시) |
| 컵(유리잔) | verre (*m*) 베르 |
| 찻잔 | tasse (*f*) 따쓰 |
| 받침 접시 (찻잔의) | soucoupe (*f*) 쑤꾸쁘 |
| 쟁반 | plateau (*m*) 쁠라또 |
| 물병 | bouteille (*f*) 부떼이으, carafe (*f*) 꺄라프 |
| 주전자 | bouilloire (*f*) 부이우와르 |
| | théière (*f*) 떼이에르(찻주전자) |
| 커피포트 | cafetière (*f*) 꺄프띠에르 |
| 공기, 대접, 주발, 사발 | bol (*m*) 볼 |
| 냅킨 | serviette (*f*) 쎄르비에뜨 |

| | |
|---|---|
| 식탁 | table (f) 따블르 |
| 식탁보 | nappe (f) 나쁘 |

## 식사·음식

| | |
|---|---|
| 식사 | repas (m) 르빠 |
| 아침식사 | petit déjeuner (m) 쁘띠 데쥬네 |
| 점심식사 | déjeuner (m) 데쥬네 |
| 저녁식사 | dîner (m) 디네 |
| 간식 | casse-croûte (m) 까쓰-크루뜨 |
| 전채요리 | hors-d'oeuvre (m) 오르-되브르 |
| | entrée (f) 앙트레 |
| 요리, 음식 | plat (m) 쁠라 |
| | plat principal 쁠라 프랭씨빨 (식사의 주된 요리) |
| 후식, 디저트 | dessert (m) 데쎄르 |
| 음료 | boisson (f) 부와쏭 |
| 고기(육류) | viande (f) 비앙드 |
| | volaille (f) 볼라이으 (날짐승, 조류) |
| | poisson (m) 뿌와쏭 (생선, 어류) |
| 밥, 쌀 | riz (m) 리 |
| 야채 | légumes (f. pl) 레귐므 |
| 과일 | fruit (m) 프뤼이 |
| 빵 | pain (m) 뺑 |
| 양념 | épice (f) 에삐쓰, condiment (m) 꽁디망 |
| 치즈 | fromage (m) 프로마쥬 |

**어휘**

| | |
|---|---|
| 버터 | beurre (*m*) 뵈르 |
| 포도주 | vin (*m*) 뱅, vin rouge 뱅 루쥬 (붉은 포도주), |
| | vin blanc 뱅 블랑 (백포도주), |
| | vin rosé 뱅 로제 (분홍색 포도주) |
| 맥주 | bière (*f*) 비에르 |
| 우유 | lait (*m*) 래 |
| 야구르트, 요플레 | yaourt (*m*) 야우르 |
| 물 | eau (*f*) 오 |
| 쥬스 | jus (*m*) 쥐, jus d'orange 쥐 도랑쥬 (오렌지 쥬스) |
| 커피 | café (*m*) 꺄페 |
| 차 | thé (*m*) 떼 |
| 과자, 떡 | gâteau (*m*) 갸또, gâteau de riz 갸또 드 리 (떡) |
| 식당 | restaurant (*m*) 레쓰또랑 |
| 다방 | café (*m*) 꺄페 (음료뿐만 아니라 맥주등 술도 파는 곳), salon de thé (*m*) 쌀롱 드 떼 (술은 팔지 않고 차만 파는 곳) |
| 메뉴판 | carte (*f*) 꺄르뜨 |

## 신체부위

| | |
|---|---|
| 머리 | la tête 라 떼뜨 |
| 머리(두발) | les cheveux 레 슈뵈 |
| 얼굴 | le visage 르 비자쥬 |
| 이마 | le front 르 프롱 |
| 눈 | l'oeil(*m*) (les yeux) 뢰이으 (레 지외) |

178-179

| 눈썹 | le sourcil 르 쑤르씨 |
|---|---|
| 속눈썹 | le cil 르 씰 |
| 코 | le nez 르 네 |
| 뺨 | la joue (les joues) 라 쥬 (레 쥬) |
| 입 | la bouche 라 부슈 |
| 입술 | la lèvre (les lèvres) 라 레브르 (레 레브르) |
| 이 | la dent (les dents) 라 당 (레 당) |
| 혀 | la langue 라 랑그 |
| 턱 | le menton 르 망똥 |
| 귀 | l'oreille (f) (les oreilles) 로레이으(레 조레이으) |
| 목 | le cou 르 꾸 |
| 어깨 | l'épaule (f) 레뽈 |
| 가슴 | la potrine 라 뿌와트린느 |
| 젖가슴 | le sein 르 쎙 |
| 등 | le dos 르 도 |
| 배 | le ventre 르 방트르 |
| 배꼽 | le nombril 르 농브릴 |
| 팔 | le bras 르 브라 |
| 손 | la main 라 맹 |
| 손목 | le poignet 르 뿌와네 |
| 손가락 | le doigt 르 두와 |
| 손톱, 발톱 | ongle (m) 옹글르 |
| 팔꿈치 | le coude 르 꾸드 |
| 허리 | la taille 라 따이으 |
| 다리 | la jambe 라 쟝브 |

**어휘**

| | |
|---|---|
| 무릎 | le genou 르 쥬누 |
| 발목 | la cheville 라 슈비이으 |
| 발 | le pied 르 삐에 |
| 발가락 | l'orteil (*m*) 로르떼이으 |
| 사지 | les menbres 레 망브르 |

# 여행

| | |
|---|---|
| 여행 | voyage (*m*) 부와야쥬 |
| 여행자 | voyageur (*m*) 부와야줴르 |
| 표,승차권 | billet (*m*) 비이예, ticket (*m*) 띠께 |
| 도착 | arrivée (*f*) 아리베 |
| 출발 | départ (*m*) 데빠르 |
| 연착 | retard (*m*) 르따르 |
| 갈아타는곳 | correspondance (*f*) 꼬레쓰뽕당쓰 |
| 예약 | réservation (*f*) 레제르바씨옹 |
| 표파는 곳,창구 | guichet (*m*) 기쉐 |
| 반환 | remboursement (*m*) 랑부르쓰망 |
| 운임 | tarif (*m*) 따맆 |
| 행선지 | destination (*f*) 데쓰띠나씨옹 |
| 검표원 | contrôleur (*m*) 꽁트롤뢰르 |
| 편도 | aller (*m*) 알레 |
| 왕복 | aller-retour (*m*) 알레-르뚜르 |
| 기차 | train (*m*) 트랭 |
| 역 | gare (*f*) 갸르 (기차 역), |

station (f) 쓰따씨옹 (지하철 역)

플래트폼  quai (m) 깨

수하물 보관소     consigne (f) 꽁씨니으

짐,수하물  bagages (m, pl) 바갸쥬

침대차     wagon-lit (m) 바공-리

식당차     voiture-restaurant (f) 부와뛰르-레쓰또랑

일등칸     première classe (f) 프르미에르 끌라쓰

이등칸, 보통칸     seconde classe (f) 쓰공드 끌라쓰

승선     embarquement (m) 앙바르끄망

하선     débarquement (m) 데바르끄망

승객     passager (passagère) 빠싸줴 (빠싸줴르)

선실     cabine (f) 꺄빈느

유효기간  validité (f) 발리디떼

정기선 (비행기)     vol régulier (m) 볼 레귈리에

전세기     charter (m) 샤르떼르

공항     aéroport (m) 아에로뽀르

공항버스  navette (f) 나베뜨

비지니스 클래스   classe affaire (f) 끌라쓰 아패르

이코노믹 클래스   classe économique (f) 끌라쓰에꼬노미끄

이륙     décollage (m) 데꼴라쥬

착륙     atterrissage (m) 아떼리싸쥬

스튜어디스     hôtesse de l'air (f) 오떼쓰 드 래르

기장     commandant (m) 꼬망당

여권     passeport (m) 빠쓰뽀르

사증,비자   visa (m) 비자

**어휘**

| 면세점 | boutique hors-taxe (f) 부띠끄 오르 딱쓰 |

# 운동

| 운동 | sport (m) 쓰뽀르 |
| 골프 | golf (m) 골프 |
| 공 | ballon (m) 발롱 (큰 것), balle (f) 발르 (작은것) |
| 경기장, 운동장 | stade (m) 쓰따드 |
| 경마 | course hippique (f) 꾸르쓰 이삐끄 |
| 경마장 | hippodrome (m) 이뽀드롬 |
| 관중석 | tribune (f) 트리뷘느 |
| 구기 | sport de ballon (m) 쓰뽀르 드 발롱 |
| 권투 | boxe (f) 복쓰 |
| 농구 | basket-ball (m) 바쓰께-볼 |
| 달리기 | course à pied (f) 꾸르쓰 아 삐에; |
| | sprint (m) (단거리) 쓰프린트; |
| | course de haies (f) 꾸르쓰 드 애 (장애물 경주); |
| | course de relais (f) 꾸르쓰 드 를래 (계주) |
| 럭비 | rugby (m) 뤼그비 |
| 레슬링 | lutte (f) 뤼뜨, catch (m) 까취 (프로레슬링) |
| 마라톤 | marathon (m) 마라똥 |
| 배구 | volley-ball (m) 볼래-볼 |
| 사격 | tir (m) 띠르 |
| 수영 | natation (f) 나따씨옹 |
| 수영장 | piscine (f) 삐씬느 |

| 스케이트 | patinage (*m*) 빠띠나쥬 |
| | patin (*m*) 빠땡 (스케이트화) |
| | patin à roulettes (*m*) |
| | 빠땡 아 룰레뜨 (롤러 스케이트) |
| 스케이트장 | patinoire (*f*) 빠띠누와르 |
| 스키 | ski (*m*) 쓰끼 |
| 승마 | équitation (*f*) 에끼따씨옹 |
| 심판 | arbitre (*m*) 아르비트르 |
| 야구 | base-ball (*m*) 바즈-볼 |
| 양궁 | tir à l'arc (*m*) 띠르 아 라르끄 |
| 역도 | haltérophilie (*f*) 알떼로필리 |
| 올림픽 경기 | Jeux Olympiques (*m, pl*) 줴 졸랭삐끄 |
| 요트 | voile (*f*) 부왈르 |
| 운동선수 | athlète (*m*) 아뜰레뜨 (육상경기 선수), |
| | joueur (*m*) 쥬외르 (구기 선수) |
| 운동화 | chaussure de sport (*f*) 쇼쒸르 드 쓰뽀르; |
| | basket (*m*) 바쓰께 (농구화); |
| | tennis (*m*) 떼니쓰 (테니스화) |
| 유도 | judo (*m*) 쥐도 |
| 육상 | athlétisme (*m*) 아뜰레띠씀 |
| 자전거 | bicyclette (*f*) 비씨끌레뜨, vélo (*m*) 벨로, |
| | bécane (*f*) 베깐느 |
| 조정 | aviron (*m*) 아비롱 |
| 줄넘기 | corde à sauter (*f*) 꼬르드 아 쏘떼 |
| 철봉 | barre fixe (*f*) 바르 픽쓰; |

**어휘**

|  | barres parallèles (*f, pl*) 바르 빠랄렐 (평행봉) |
|---|---|
| 체조 | gymnastique (*f*) 쥠나쓰띠끄 |
| 체육관 | gymnase (*m*) 쥠나즈 |
| 축구 | football (*m*) 퓓볼 |
| 카누 | canoë (*m*) 까노에 |
| 탁구 | ping-pong (*m*) 벵-뽕, |
|  | tennis de table (*m*) 떼니쓰 드 따블르 |
| 테니스 | tennis (*m*) 떼니쓰 |
| 팀 | équipe (*f*) 에끼쁘 |
| 펜싱 | escrime (*f*) 에쓰크림므 |
| 하키 | hockey (*m*) 오께; |
|  | hockey sur glace (*m*) 오께쒸르글라쓰(아이스하키) |
| 핸드볼 | hand-ball (*m*) 앙-볼 |

## 운송·교통수단

| 교통수단 | moyens de transport (*m, pl*) 무와엥 드 트랑쓰뽀르 |
|---|---|
| 자동차 | voiture (*f*) 부와뛰르, automobile (*f*) 오또모빌, |
|  | voiture de sport 부와뛰르 드 쓰뽀르 (스포츠카) |
| 버스 | autobus (*m*) 오또뷔쓰, bus (*m*) 뷔쓰, |
|  | autocar (*m*) 오또꺄르, car (*m*) 꺄르(관광버스따위) |
| 기차 | train (*m*) 트랭 |
| 배 | bateau (*m*) 바또 |
| 비행기 | avion (*m*) 아비용, avion supersonique 아비용 |
|  | 쒸뻬르쏘니끄 (초음속 비행기) |

| | | |
|---|---|---|
| 지하철 | métro (*m*) | 메트로 |
| 택시 | taxi (*m*) | 딱씨 |
| 트럭 | camion (*m*) | 꺄미용 |
| | poids lourd (*m*) | 뿌와 루르 (대형트럭) |
| 오토바이 | motocyclette (= moto) (*f*) | 모또씨끌레뜨 (모또) |
| 자전거 | bicyclette (*f*) | 비씨끌레뜨, |
| | velo (*m*) 벨로, bécane (*f*) | 베깐느 |
| 구급차 | ambulance (*f*) | 앙뷜랑쓰 |
| 여객선 | paquebot (*m*) | 빠끄보 |
| | transatlantique (*m*) | 트랑싸틀라띠끄(대형 여객선) |
| 화물선 | cargo (*m*) | 꺄르고 |
| 어선 | bateau de pêche (*m*) | 바또 드 뻬슈 |
| 전함 | bateau de guerre (*m*) | 바또 드 게르 |
| 항공모함 | porte-avions (*m*) | 뽀르뜨-아비용 |
| 잠수함 | sous-marin (*m*) | 쑤-마랭 |
| 유조선 | citerne (*f*) 씨떼르느, pétrolier (*m*) | 뻬트롤리에 |
| 해적선 | navire corsaire (*m*) | 나비르 꼬르쌔르 |
| 유람선 | croisière (*f*) | 크루와지에르 |
| 쾌속선 | vedette (*f*) | 브데뜨 |
| 모터보트 | hors-bord (*m*) | 오르-보르 |
| | canot à moteur (*m*) | 꺄노 아 모뙤르 |
| 보트 | barque (*f*) | 바르끄 |
| 범선 | voilier (*m*) | 부왈리에 |
| 요트 | yacht (*m*) | 야뜨 |
| 뗏목 | radeau (*m*) | 라도 |

**어휘**

| | |
|---|---|
| 헬리콥터 | hélicoptère (m) 엘리꼽떼르 |
| 제트기 | avion à réaction (m) 아비용 아 레악씨옹 |
| 인공위성 | satellite (artificiel) (m) 싸뗄리뜨 (아르띠피씨엘) |
| 우주왕복선 | navette spatiale (f) 나베뜨 쓰빠씨알 |
| 로켓트 | fusée (f) 퓌제 |

## 위생용품

| | |
|---|---|
| 고무장갑 | gant de ménage (m) 강 드 메나쥬 |
| 기저귀 | couche (f) 꾸슈, couche-culotte (f) 꾸슈-뀔로뜨 (팬티형 종이 기저귀) |
| 로숀 | lait (m) 래, lotion (f) 로씨옹 |
| 면도기 | rasoir (m) 라주와르, rasoir jetable (m) 라주와르 쥬따블르(일회용) |
| 면도날 | lame (f) 람므 |
| 방향제 | déodorant (m) 데오도랑 |
| 비누 | savon (m) 싸봉, savon glycérine (m) 싸봉 글리쎄린느 (세탁비누) |
| 비닐 봉지 | sac en papier (m) 싹 깡 빠삐에 |
| 샴푸 | shampooing (m) 샹뿌앵 |
| 생리대 | périodique (f) 뻬리오디끄, serviette (f) 쎄르비에뜨, protection périodique (f) 프로떽씨옹 뻬리오디끄 |
| 세제 | lessive (f) 레씨브, lessive liquide (f) 레씨브 리끼드(액체 세탁 비누), |

|  | poudre de lavage (*f*) |
|  | 뿌드르 드 라바쥬 (가루 세탁 비누) |
| 수건 | serviette (*f*) 쎄르비에뜨, |
|  | mouchoir (*m*) 무슈와르 (손수건) |
| 애프트 세이브 로숀 | après-rasage (*m*) 아프레-라자쥬 |
| 유연제 | assouplissant textile (*m*) 아쑤쁠리쌍 떽쓰띨, |
|  | adoucissant (*m*) 아두씨쌍 |
| 종이타올 (주방용) | papier essuie-tout (*m*) 빠삐에 에쒸이뚜 |
| 주방용 세제 | lave vaisselle (*m*) 라브 배쎌, |
|  | poudre lave vaisselle (*f*) |
|  | 뿌드르 라브 배쎌 (분말 세제), |
|  | liquide vaisselle (*f*) 리끼드 배쎌 (액체 세제) |
| 치솔 | brosse à dents (*f*) 브로쓰 아 당 |
| 치약 | dentifrice (*m*) 당띠프리쓰 |
| 쿠킹호일 | papier aluminium (*m*) 빠삐에 알루미니옴, |
|  | aluminium élembal (*m*) 알루미니옴 엘랑발 |
| 화장지 | papier toilette (*m*) 빠삐에 뚜왈레뜨 |

## 의복·복장

| 의복 | vêtement (*m*) 베뜨망, costume (*m*) 꼬쓰뜀 |
| 외투 | manteau (*m*) 망또, pelisse (*f*) 쁠리쓰, |
|  | imperméable (*m*) 앵뻬르메아블르 (특히 비올 |
|  | 때 입는 것) |
| 양복 | complet (*m*) 꽁쁠레, |

|          |          |
|----------|----------|
|          | costume (*m*) 꼬쓰뜀 (콤비 : 남성용), tailleur (*m*) 따이외르 (여성용 : 상의 + 바지 혹은 치마) |

웃옷, 상의 (양복)　veston (*m*) 베쓰똥, veste (*f*) 베쓰뜨

바지, 하의　pantalon (*m*) 빵딸롱

치마　jupe (*f*) 쥡쁘

원피스　robe (*f*) 로브

청바지　jean (*m*) 쥔

점퍼　blouson (*m*) 블루종

츄리닝　jogging (*m*) 죠깅

와이셔츠　chemise (*f*) 슈미즈,
　　　　　chemisette (*f*) 슈미제뜨 (반팔)

티셔츠　tee-shirt (*m*) 티-셔뜨 (단추가 없는 것),
　　　　polo (*m*) 뽈로 (목 부분에 단추가 있는 것)

스웨터　pull(-over) (*m*) 쀨(-오베르)

조끼　gilet (*m*) 쥘레

실내옷 (집에서 입는 가운)　peignoir (*m*) 뻬뉴와르

잠옷　pyjama (*m*) 삐쟈마,
　　　robe de chambre (*f*) 로브 드 샹브르,
　　　chemise de nuit (*f*) 슈미즈 드 뉘이

속옷　vêtements de dessous (*m*) 베뜨망 드 드쑤,
　　　sous-vêtements (*m*) 쑤-베뜨망

팬티　slip (*m*) 쓸립 (남성용 및 여성용),
　　　caleçon (*m*) 꺌르쏭 (주로 남성용),
　　　culotte (*f*) 뀔로뜨 (주로 여성용)

브래지어　soutien-gorge (*m*) 쑤띠엥-고르쥬

| 수영복 | maillot de bain (*m*) 마이요 드 뱅, |
|---|---|
| | caleçon bain 깔르쏭 뱅 (남성용 수영팬티) |
| 모자 | chapeau (*m*) 샤뽀 |
| 넥타이 | cravatte (*f*) 크라바뜨, |
| | noeud papillon 뇌 빠삐용(나비 넥타이) |
| 허리띠, 벨트 | ceinture (*f*) 쎙뛰르 |
| 멜빵 | bretelles (*f, pl*) 브르뗄 |
| 목도리 | foulard (*m*) 풀라르, écharpe (*f*) 에샤르쁘 |
| 양말 | chaussettes (*f, pl*) 쇼쎄뜨, bas (*m*) 바, |
| | collant (*m*) 꼴랑 (스타킹) |
| 신 | chaussures (*f, pl*) 쇼쒸르 |
| 운동화 | chaussures de sport (*f, pl*) 쇼쒸르 드 쓰뽀르, |
| | baskets (*m. pl*) 바쓰께 (농구화), |
| | tennis 떼니쓰 (chaussures de tennis 쇼쒸르 |
| | 드 떼니쓰) (테니스화) |
| 슬리퍼 | sandales (*f, pl*) 쌍달르 |
| 장화, 부츠 | bottes (*f, pl*) 보뜨 |
| 장갑 | gants (*m, pl*) 강, |
| | moufles (*f, pl*) 무플르 (벙어리 장갑) |

## 조리기구·부엌가구

| 조리기구 | ustensile (de cuisine) (*m*) 위쓰땅씰 |
|---|---|
| 남비 | casserole (*f*) 꺄쓰롤 (막대형 손잡이가 하나 |
| | 달린 남비), marmite (*f*) 마르미뜨 |

| | | |
|---|---|---|
| 남비 뚜껑 | couvercle (*m*) | 꾸베르끌르 |
| 프라이팬 | poêle (à frire) | 뿌왈르 (아 프리르) |
| 칼 | couteau (*m*) | 꾸또 |
| 도마 | planche à découper (*f*) | 쁠랑슈 아 데꾸뻬 |
| 국자 | louche (*f*) | 루슈 |
| 조리, 물 빼는 기구 | passoire (*f*) | 빠쑤와르 |
| 깔때기 | entonnoir (*m*) | 앙또누와르 |
| 밥솥 | cuiseur de riz (*m*) | 뀌이죄르 드 리 |
| 압력 밥솥 | autocuiseur (*m*) | 오또뀌이죄르, |
| | cocote-minute (*f*) | 꼬꼬뜨-미뉘뜨 |
| 커피포트 | cafetière (*f*) | 꺄프띠에르 |
| 커피 분쇄기 | moulin à café (*m*) | 물랭 아 꺄페 |
| 믹서 | robot (*m*) | 로보 |
| 오븐 | four (*m*) 푸르, | |
| | four électrique 푸르 엘렉트리끄 (전기오븐), | |
| | four à gaz 푸르 아 갸즈 (가스오븐), | |
| | four à micro-ondes 푸르아미크로옹드(전자오븐) | |
| 렌지 | cuisinière (*f*) 뀌지니에르, cuisinière | |
| | électrique 뀌지니에르 엘렉트리끄 (전기렌지), | |
| | cuisinière à gaz 뀌지니에르 아 갸즈(가스렌지), | |
| 렌지 후드 | hotte (*f*) 오뜨 | |
| 토우스트기 | grille-pain (*m*) 그리이으-뺑 | |
| 병마개 따개 | ouvre-bouteille (*m*) 우브르-부떼이(사 | |
| | 이다나 콜라병 등의 마개를 따는 것), | |
| | tire-bouchon (*m*) 띠르-부숑 (포도주 병등 | |

코르크로 된 병마개 뽑이)

| | | |
|---|---|---|
| 냉장고 | réfrigérateur (m) 레프리졔라뙤르, frigo (m) 프리고 | |
| 씽크대 | évier (m) 에비에 | |
| 조리대 | planche de travail (f) 쁠랑슈 드 트라바이으 | |
| 수도꼭지 | robinet (d'eau) (m) 로비네 (도) | |
| 쓰레기통 | poubelle (f) 뿌벨르 | |
| 요리책 | livre de cuisine (m) 리브르 드 뀌진느 | |

## 주거·주택

| | |
|---|---|
| 집 | maison (f) 매종 |
| 별장 | villa (f) 빌라 |
| 아파트 | appartement (m) 아빠르뜨망 |
| | studio (m) 쓰뛰디오(주방, 거실, 침실의 구분 없이 방하나로 이루어 져있는 소형 아파트, 우라나라의 오피스텔 구조와 유사함) |
| 방 | pièce (f) 삐에쓰 (주의사항 pièce라 함은 잠자는 방뿐만 아니라 부엌, 식당, 거실, 목욕탕 등도 가리킨다); |
| | chambre (f) 샹브르 (잠자는 방을 가리킴) |
| 부엌 | cuisine (f) 뀌진느 |
| 식당방 | salle à manger (f) 쌀 라 망줴 |
| 거실 | salle de séjour (f) 쌀 드 쎄쥬르, salon (m) 쌀롱 |
| 침실 | chambre (à coucher) (f) 샹브르 (아 꾸셰) |

**어휘**

| | | |
|---|---|---|
| 서재 | bureau (*m*) | 뷔로 |
| 목욕탕 | salle de bain (*f*) | 쌀 드 뱅 |
| 화장실 | toilettes (*f. pl*) | 뚜왈레뜨, les W-C 레 베쎄 |
| 복도 | couloir (*m*) | 꿀루와르 |
| 현관 | entrée (*f*) | 앙트레 |
| 베란다 | véranda (*f*) | 베랑다 |
| 정원 | jardin (*m*) | 쟈르댕 |
| 계단 | escalier (*m*) | 에쓰깔리에 |
| 엘리베이터 | ascenseur (*m*) | 아쌍쐬르 |
| 층 | étage (*m*) | 에따쥬 |
| 일층 | rez-de-chaussée (*m*) | 레-드-쇼쎄 |
| 중앙난방 | chauffage central (*m*) | 쇼파쥬 쌍트랄 |
| 개인난방 | chauffage individuel (*m*) | 쇼파쥬 앵디비뒤엘 |
| 전기난방 | chauffage électrique (*m*) | 쇼파쥬 엘렉트릭끄 |
| 부동산, 복덕방 | agence immobilière (*f*) | 아쟝쓰 임모빌리에르 |
| 세입자 | locataire (*m*) | 로까때르 |
| 집주인 | propriétaire (*m*) | 프로프리에때르 |
| 집세 | loyer (*m*) | 루와예 |

## 직업, 신분

(( ) 속의 단어는 여자를 가리키는 단어임.)

| | | |
|---|---|---|
| 가수 | chanteur (chanteuse) | 샹뙤르 (샹뙤즈) |
| 간호원 | infirmier (infirmière) | 앵피르미에 (앵피르미에르) |
| 감독 (영화, 연극 등) | metteur en scène | 메뙤르 앙 쎈느, |

|  | réalisateur (réalisatrice) 레알리자뙤르 (레알리자트리쓰) |
|---|---|
| 건축가 | architecte 아르쉬떽뜨 |
| 공무원 | fonctionnaire 퐁씨오내르 |
| 국회의원 | député 데쀠떼 |
| 군인 | militaire 밀리때르 |
| 기자 | journaliste 주르날리쓰뜨 |
| 노동자 | ouvrier (ouvrière) 우브리에 (우브리에르) |
| 농부 | paysan (paysanne) 뻬이장 (뻬이잔느) |
| 배우 | acteur (actrice) 악뙤르 (악트리쓰) |
| 변호사 | avocat (avocate) 아보까 (아보까뜨) |
| 부장 | directeur (directrice) 디렉뙤르 (디렉트리쓰) |
| 비서 | secrétaire 쓰크레때르 |
| 사장 | patron (patronne) 빠트롱 (빠트론느), président-directeur général (PDG) 프레지당-디렉뙤르 쮀네랄 (뻬데쮀) |
| 사회자 | animateur (animatrice) 아니마뙤르 (아니마트리쓰) |
| 선생/교수 | professeur 프로페쐬르 |
| 수위 | gardien (gardienne) 갸르디엥 (갸르디엔느), concierge 꽁씨에르쥬 |
| 아나운서 | présentateur (présentatrice) 프레장따뙤르 (프레장따트리쓰) |
| 예술가 | artiste 아르띠쓰뜨 |
| 요리사 | cuisinier (cuisinière) 뀌지니에 (뀌지니에르) |
| 우체부 | facteur 팍뙤르 |

**어휘**

| 운전수 | chauffeur (chauffeuse) 쇼푀르 (쇼푀즈) |
| 음악가 | musicien (musicienne) 뮈지씨엥 (뮈지씨엔느) |
| 이발사/미용사 | coiffeur (coiffeuse) 꾸와푀르 (꾸와푀즈) |
| 의사 | médecin 메드쎙 |
| 작가 | écrivain 에크리뱅 |
| 타이피스트 | dactylo 닥띨로 |
| 판매원 | vendeur (vendeuse) 방되르 (방되즈) |
| 편집부장 | rédacteur en chef 레닥뙤르 앙 쉐프 |
| 학생 | étudiant (étudiante) 에뛰디앙 (에뛰디앙뜨) (대학생), |
| | élève 엘레브 (초중고생) |
| 화가 | peintre 뼁트르 |
| 회사원 | employé (emplyée) 앙쁠루와예 (앙쁠루와예) |

## 회사·기업

| 기업 | entreprise (f) 앙트르프리즈 |
| 대기업 | grande entreprise (f) 그랑드 앙트르프리즈, |
| | grande firme (f) 그랑드 피르므 |
| 중기업 | entreprise de moyenne taille (f) |
| | 앙트르 프리즈 드 무와옌느 따이으 |
| 소기업 | petite entreprise (f) 쁘띠뜨 앙트르프리즈, |
| | entreprise de petite taille (f) |
| | 앙트르프리즈 드 쁘띠뜨 따이으 |
| 중소기업 | petites et moyennes entreprises (PME) (f, pl) |
| | 쁘띠뜨 에 무와옌느 앙트르프리즈 (뻬엠으) |

| | |
|---|---|
| 회사 | société (f) 쏘씨에떼, compagnie (f) 꽁빠니 |
| 주식회사 | société anonyme (f) 쏘씨에떼 아노님므 |
| 상사, 무역회사 | société commerciale (f) 쏘씨에떼 꼬메르씨알 |
| 모기업, 모회사 | société mère (f) 쏘씨에떼 메르, maison mère (f) 매종 메르 |
| 자회사 | filiale (f) 필리알 |
| 사장, 대표이사, 회장 | Président Directeur Général (PDG) (m) 프레지당 디렉뙤르 쉐네랄 (뻬데줴) |
| 전무 | Directeur Général (m) 디렉뙤르 쉐네랄 |
| 부장, 과장 | directeur d'un service (m) 디렉뙤르댕쎄르비쓰 |
| 회사원 | employé (m) 앙쁠루와예 |
| 간부사원 | cadre (m) 꺄드르 |
| 간부진 | direction (f) 디렉씨옹 |
| 경영자 | patron (m) 빠트롱 |
| 주주총회 | assemblée générale (f) 아쌍블레 쉐네랄 |
| 상호, 회사명 | raison sociale (f) 래종 쏘씨알 |
| 본사 | siège social (m) 씨에쥬 쏘씨알 |
| 자본금 | capital (m) 까삐딸 |
| 인사부 | service du personnel (m) 쎄르비쓰뒤 뻬르쏘넬 |
| 총무부 | secrétariat général (m) 쓰크레따리아 쉐네랄 |
| 광고 | publicité (f) 쀠블리씨떼 |
| 바겐세일 | solde (f) 쏠드 |
| 계약 | contrat (m) 꽁트라 |

**어휘**

| | | |
|---|---|---|
| 매상고 | chiffre d'affaire (*m*) | 쉬프르 다패르 |
| 부가가치세 | taxe à valeur ajoutée (TVA) (*f*) | |
| | | 딱쓰 아 발뢰르 아쥬떼 (떼베아) |
| 고용 | emploi (*m*) | 앙쁠루와 |
| 구직 | demande d'emploi (*f*) | 드망드 당쁠루와 |
| 실업, 실직 | chômage (*m*) | 쇼마쥬 |
| 봉급 생활자 | salarié (*m*) | 쌀라리에 |
| 직업 | métier (*m*) 메띠에 , profession | 프로페씨옹 |
| 유급휴가 | congé payé (*m*) | 꽁줴 뻬이예 |
| 최저보장임금 | salaire minimum interprofessionnel | |
| | garanti (SMIG) (*m*) | 쌀래르 미니몸 앵 |
| | | 떼르프로페씨오넬 갸랑띠 (쓰믹) |
| 노동조합 | syndicat (*m*) | 쌩디까 |
| 파업 | grève (*f*) | 그레브 |
| 퇴직 | retraite (*f*) | 르트래뜨 |

# 숫자 (( )속은 서수)

| | |
|---|---|
| 1 | un (premier) 앵 (프르미에) |
| 2 | deux (deuxième, second) 되 (되지엠므, 쓰공) |
| 3 | trois (troisième) 트루와 (트루와지엠므) |
| 4 | quatre (quatrième) 꺄트르 (꺄트리엠므) |
| 5 | cinq (cinquième) 쌩끄 (쌩끼엠므) |
| 6 | six (sixième) 씨쓰 (씨지엠므) |
| 7 | sept (septième) 쎄뜨 (쎄띠엠므) |
| 8 | huit (huitième) 위뜨 (위띠엠므) |
| 9 | neuf (nuevième) 뇌프 (뇌비엠므) |
| 10 | dix (dixième) 디쓰 (디지엠므) |
| 11 | onze (onzième) 옹즈 (옹지엠므) |
| 12 | douze (douzième) 두즈 (두지엠므) |
| 13 | treize (treizième) 트레즈 (트레지엠므) |
| 14 | quatorze (quatorzième) 꺄또르즈 (꺄또르지엠므) |
| 15 | quinze (quinzième) 깽즈 (깽지엠므) |
| 16 | seize (seizième) 쎄즈 (쎄지엠므) |
| 17 | dix-sept (dix-septième) 디쎄뜨 (디쎄띠엠므) |
| 18 | dix-huit (dix-huitième) 디즈위뜨 (디즈위띠엠므) |
| 19 | dix-neuf (dix-neuvième) 디즈뇌프 (디즈뇌비엠므) |
| 20 | vingt (vingtième) 뱅 (뱅띠엠므) |
| 21 | vingt et un (vingt et unième) |
| | 뱅 떼 앵 (뱅 떼 위니엠므) |
| 22 | vingt-deux (vingt-deuxième) 뱅-되 (뱅-되지엠므) |

| 30 | trente (trentième) 트랑뜨 (트랑띠엠므) |
|----|----|
| 31 | trente et un (trente et unième) |
|    | 트랑 떼 앵 (트랑 떼 위니엠므) |
| 32 | trente-deux (trente-deuxième) |
|    | 트랑뜨-되 (트랑뜨-되지엠므) |
| 40 | quarante (aurantième) 꺄랑뜨(꺄랑띠엠므) |
| 50 | cinquante (cinquantième) 쌩깡뜨 (쌩 깡띠엠므) |
| 60 | soixante (soixantième) 쑤와쌍뜨(쑤와쌍띠엠므) |
| 70 | soixante-dix (soixante-dixième) |
|    | 쑤와쌍뜨-디쓰 (쑤와쌍뜨-디지엠므) |
| 71 | soixante et onze (soixante et onzième) |
|    | 쑤와쌍 떼 옹즈 (쑤와쌍 떼 옹지엠므) |
| 72 | soixante-douze (soixante-douzième) |
|    | 쑤와쌍뜨-두즈 (쑤와쌍뜨-되지엠므) |
| 80 | quatre-vingts (quatre-vingtième) |
|    | 꺄트르-뱅 (꺄트르-뱅띠엠므) |
| 81 | quatre-vingt-un (quatre-vingt-unième) |
|    | 꺄트르-뱅-앵 (꺄트르-뱅-위니엠므) |
| 90 | quatre-vingt-dix (quatre-vingt-dixième) |
|    | 꺄트르-뱅-디쓰 (꺄트르-뱅-디지엠므) |
| 91 | quatre-vingt-onze (quatre-vingt-onzième) |
|    | 꺄트르-뱅-옹즈(꺄트르-뱅-옹지엠므) |
| 100 | cent (centième) 쌍 (쌍띠엠므) |
| 101 | cent un (cent unième) 쌍 앵 (쌍 위니엠므) |

| 천 | mille (millième) 밀 (밀리엠므) |
| | *년도를 표시할 때는 mil (밀)을 사용 |
| **만** | dix mille 디 밀 |
| **십만** | cent mille 쌍 밀 |
| **백만** | million (millionième) 밀리옹 (밀리오니엠므) |
| **십억** | milliard (millardième) 밀리야르(밀리야르디엠므) |

# 날짜 묻기·말하기

## 요일·달·계절·해 ①

▷ 오늘은 무슨 요일 입니까?

Quel jour sommes-nous?

깰  쥬르  쏨므-누

▷ 몇일 입니까?

Nous sommes le combien?

누  쏨므  르 꽁비엥

▷ 오늘은 월요일 입니다.

1. Nous sommes lundi.

누 쏨므 랭디

2. Aujourd'hui c'est lundi.

오쥬르뒤  쎄 랭디

▷ 오늘은 3월 20일 입니다.

Nous sommes le 20 mars.

누  쏨므  르 뱅 마르쓰

▷ 나는 1970년 5월 12일에 태어났습니다.

Je suis né le 12 mai 1970.

쥬 쒸 네 르 두즈 매 밀뇌프쌍 쑤와쌍뜨 디쓰

▷ 언제(무슨 요일에) 오시겠습니까?

Quel jour viendrez-vous?

깰  쥬르 비엥드레-부?

▷ 화요일날 가겠습니다.

Je viendrai mardi.

쥬 비엥드래 마르디

▷ 15일날 가겠습니다.

Je viendrai le 15.

쥬 비엉드래 르 깽즈

▷ 지난주에 도착했습니다.

Je suis arrivé la semaine dernière.

쥬 쒸 자리베 라 쓰맨느 데르니에르

▷ 다음주에 출발합니다.

Je pars la semaine prochaine.

쥬 빠르 라 쓰맨느 프로셴느

▷ 6월달에 한국으로 돌아갑니다.

Je retourne en Corée en juin.

쥬 르뚜른느 앙 꼬레 앙 쥐앵

## 요일·달·계절·해 ②

| | | |
|---|---|---|
| 하루 | un jour 앵 쥬르, | une journée 윈느 쥬르네 |
| 일주일 | une semaine 윈느 쓰맨느 | |
| 한 달 | un mois 앵 무와 | |
| 일 년 | un an 앵앙, | une année 윈 아네 |
| 월요일 | lundi 룅디 | |
| 화요일 | mardi 마르디 | |
| 수요일 | mercredi 메르크르디 | |
| 목요일 | jeudi 줴디 | |
| 금요일 | vendredi 방드르디 | |
| 토요일 | samedi 싸므디 | |
| 일요일 | dimanche 디망슈 | |

**날짜 묻기, 말하기**

| 1월 | janvier 쟝비에 |
| 2월 | février 페브리에 |
| 3월 | mars 마르쓰 |
| 4월 | avril 아브릴 |
| 5월 | mai 매 |
| 6월 | juin 쥐앵 |
| 7월 | juillet 쥐이예 |
| 8월 | août 우(뜨) |
| 9월 | septembre 쎕땅브르 |
| 10월 | octobre 옥또브르 |
| 11월 | novembre 노방브르 |
| 12월 | décembre 데쌍브르 |
| 봄 | printemps 프랭땅 |
| 여름 | été 에떼 |
| 가을 | automne 오똔느 |
| 겨울 | hiver 이베르 |
| 어제 | hier 이에르 |
| 오늘 | aujourd'hui 오쥬르뒤 |
| 내일 | demain 드맹 |
| 지난주 | la semaine dernière 라 쓰맨느 데르니에르 |
| 금주 | cette semaine 쎄뜨 쓰맨느 |
| 내주 | la semaine prochaine 라 쓰맨느 프로쉔느 |
| 작년 | l'année dernière 라네 데르니에르, l'an dernier 랑 데르니에 |
| 올해 | cette année 쎄뜨 아네 |
| 내년 | l'année prochaine 라네 프로쉔느 |

# 공공장소의 표시문

A louer (아 루에)     대여

Ascenseur (아쌍쐬르)     엘리베이터

Attention (아땅씨옹)     주의, 조심

A vendre (아 방드르)     판매

Correspondance (꼬레쓰뽕당스)  (지하철의) 갈아타는 곳

Dames (담므)     숙녀용

Danger (당줴)     위험

Défense d'entrer (데팡쓰 당트레)    출입금지

Défense de fumer (데팡쓰 드 퓌메)  금연

Eau non potable (오 농 뽀따블르)    식수불가

Ecole (에꼴)     학교

Entrée (앙트레)   입구

Entrée interdite (앙트레 앵떼르디뜨)  출입금지

Entrée libre (앙트레 리브르)  자유출입 (무료출입)

Femmes (팜므)     숙녀용

Fermé (페르메)     폐점, 닫혔음

Fumeurs (퓌뫼르)     끽연석

Hommes (옴므)     신사용

Hôpital (오삐딸)     병원

Horaire (오래르)     시간표

Libre (리브르)     사용가능

Messieurs (메씨외)  신사용

Ne pas toucher (느 빠 뚜셰)  만지지 마시오

Non fumeurs (농 퓌뫼르) 금연석

Occupé (오뀌뻬) 사용중

Ouvert (우베르) 개점, 영업중, 열렸음

Passage souterrain (빠싸쥬 쑤떼랭) 지하도

Poussez (뿌쎄) 미시오

Privé (프리베) 私室, 개인용

Quai/Voie (깨/부와) (기차의) 홈

Renseignements (랑쎄니으망) 안내

Résevé (레제르베) 예약석

Salle d'attente (쌀 다땅뜨) 대합실

Soldes (쏠드) 세일

Sonnez (쏜네) 벨을 누르시오

Sortie (쏘르띠) 출구

Sortie de secours (쏘르띠 드 쓰꾸르) 비상구

Stationnement interdit (쓰따씨온느망 앵떼르디) 주차금지

Tirez (띠레) 당기시오

Toilettes (뚜왈레뜨) 화장실

# 프랑스의 국경일

| | |
|---|---|
| Le Jour de l'An / La Nouvel An | 새해벽두 - 1월 1일 |
| Pâques | 부활절 - 3월 하순-4월 중순 |
| La Fête du Travail | 노동절 - 5월 1일 |
| L'Ascension | 예수 승천일 - 5월 상순 |
| La Fête Nationale | 혁명기념일 - 7월 14일 |
| L'Assomption | 성모 승천일 - 8월 15일 |
| La Toussaint | 모든 성인의 날 - 11월 1일 |
| L'Armistice | 1차 대전 휴전기념일 - 11월 11일 |
| Le Noël | 성탄절 - 12월 25일 |

# 장소표현

| | |
|---|---|
| ···에 | à 아, en 앙 |
| ···에서 | de 드 |
| 안에 | dans 당, en 앙 |
| 위에 | sur 쒸르, au-dessus (de) 오-드쒸 (드) |
| 아래에 | sous 쑤, au-dessous (de) 오-드쑤 (드) |
| 앞에 | devant 드방 |
| 뒤에 | derrière 데리에르 |
| 가운데에 | au milieu (de) 오 밀리외 (드) |
| 왼쪽에 | à gauche (de) 아 고슈 (드) |
| 오른쪽에 | à droite (de) 아 드루와뜨 (드) |
| 땅바닥에 | par terre 빠르 떼르 |
| 정면에 | en face (de) 앙 파쓰 (드) |
| 사이에 | entre ... et ... 앙트르 ... 에 ... |
| 옆에 | à côté (de) 아 꼬떼 (드) |
| 구석에 | au coin (de) 오 꾸앵 (드) |
| 끝에 | au bout (de) 오 부 (드) |
| 가에 | au bord (de) 오 보르 (드) |
| 둘레에 | autour (de) 오뚜르 (드) |
| 왼쪽으로 | à gauche 아 고슈 |
| 오른쪽으로 | à droite 아 드루와뜨 |
| 똑바로 | tout droit 뚜 드루와 |
| 앞으로 | en avant 앙 아방 |
| 뒤로 | en arrière 앙 아리에르 |

| | |
|---|---|
| 쪽으로 | vers 베르 |
| 어디 | où 우 |
| ···을 따라서 | le long de 르 롱 드 |

장소표현

# 시간 말하는 법

▷ 지금 몇시 입니까?
 Quelle heure est-il?
 껠 뢰르 에-띨

▷ 두시입니다.
 Il est 2 heures.
 일에 되 죄르

▷ 세시 10분 입니다.
 Il est 3 heures 10.
 일에 트루와 죄르 디쓰

▷ 오전 8시 입니다.
 Il est 8 heures du matin.
 일에 위 뙤르 뒤 마땡

▷ 오후 4시 입니다.
 Il est 4 heures de l'après-midi.
 일에 꺄트르 뢰르 드 라프레-미디

▷ 여섯시 오분전 입니다.
 Il est 6 heures moins 5.
 일에 씨 죄르 무앵 쌩끄

▷ 정오 입니다.
 Il est midi.
 일에 미디

▷ 자정 입니다.
 Il est minuit.
 일에 미뉘

▷ 일곱시 반 입니다.

Il est 7 heures et demi.

일 에 쎄 뙤르 에 드미

▷ 이 상점은 몇시에 문을 엽니까?

A quelle heure ouvre ce magasin?

아 껠 뢰르 우브르 스 마가쟁

▷ 이 상점은 몇시에 문을 닫습니까?

A quelle heure ferme ce magasin?

아 껠 뢰르 페르므 스 마가쟁

▷ 몇시간이나 걸립니까?

Il faut combien de temps?

일 포 꽁비엥 드 땅

▷ 비행기는 몇시에 도착합니까?

A quelle heure arrive l'avion?

아 껠 뢰르 아리브 라비옹

▷ 기차는 몇시에 출발합니까?

A quelle heure part le train?

아 껠 뢰르 빠흘르 트랭

▷ 몇시에 오시겠습니까?

A quelle heure viendrez-vous?

아 껠 뢰르 비엥드레-부

▷ 몇시쯤 가면 당신을 만나 볼 수 있습니까?

A quelle heure pouvez-vous me recevoir?

아 껠 뢰르 뿌베-부 므 르쓰부와르

▷ 몇시에?

**시간 말하는 법**

A quelle heure?

아 껠 뢰르

▷ 언제?

Quand?

깡

▷ 이 상점은 9시에 엽니다.

Ce magasin ouvre à 9 heures.

쓰 마가쟁 우브르 아 뇌 뵈르

▷ 이 상점은 7시에 닫습니다.

Ce magasin ferme à 7 heures.

쓰 마가쟁 페르므 아 쎄 뙤르

▷ 기차는 10시 20분에 출발합니다.

Le train part à 10 heures 20.

르 트랭 빠르 아 디 죄르 뱅

## 진경준

1983년 한국외국어대학교 불어과 졸업.
1989 프랑스 파리 8대학 언어학 박사.
1989~1991 한국외국어대학교 불어과 강사.
현재 한국교원대학교 불어교육과 교수.

Step by Step **프랑스어 여행회화**

발　행　2015년 7월 10일

저　자　전경준
발행인　이재명
발행처　삼지사

등록번호　제406-2011-000021호
주　소　경기도 파주시 산남로 47-10
　Tel　031)948-4502, 948-4564　　Fax 031)948-4508
홈페이지 www.samjisa.com

책값은 앞표지에 있습니다.

잘못된 책은 구입하신 서점에서 교환해 드립니다.

# Step by step 여행회화 시리즈

❝ 여행자의 언어 소통 이 책으로 즉시 해결!
짧은 문장으로 쉽게 통하는 여행회화! ❞

- 여행체험에 의한 실용표현 수록
- 5단어 미만 실용적인 짧은 예문으로 구성
- 현지어 발음 원칙에 의거한 발음 표기
- 정확한 발성연습을 위한 MP3 CD준비

■ Step by step 영어 여행회화

------------------ 신명섭 저 | 국반판 | 266p | MP3용 CD포함

■ Step by step 일본어 여행회화

------------------ 오현숙 저 | 국반판 | 324p | MP3용 CD포함

■ Step by step 중국어 여행회화

------------------ 이가춘 저 | 국반판 | 282p | MP3용 CD포함

# " 짧은 문장으로
## 쉽게 통하는 여행회화! "

■ Step by step 베트남어 여행회화
- - - - - - - - - - - - - - - 김기태 저 | 국반판 | 317p | MP3용 CD포함

■ Step by step 태국어 여행회화
- - - - - - - - - - - - - - - 차상호 저 | 국반판 | 215p | MP3용 CD포함

■ Step by step 몽골어 여행회화
- - - - - - - - - - - - - - - 유원수 저 | 국반판 | 352p | MP3용 CD포함

■ Step by step 인도네시아어 여행회화
- - - - - - - - - - - - - - - 고영훈 저 | 국반판 | 224p | MP3용 CD포함

■ Step by step 프랑스어 여행회화
- - - - - - - - - - - - - - - 전경준 저 | 국반판 | 210p | MP3용 CD포함

■ Step by step 독일어 여행회화
- - - - - - - - - - - - - - - 신형욱 저 | 국반판 | 253p | MP3용 CD포함

■ Step by step 러시아어 여행회화
- - - - - - - - - - - - - - - 강흥주 저 | 국반판 | 330p | MP3용 CD포함

■ Step by step 스페인어 여행회화
- - - - - - - - - - - - - - - 황순양 저 | 국반판 | 302p | MP3용 CD포함

■ Step by step 아랍어 여행회화
- - - - - - - - - - - - - - - 송경숙 저 | 국반판 | 225p | MP3용 CD포함

## "여행자의 **언어 소통** 이 책으로 즉시 해결"

---

■ Step by step 터키어 여행회화
- - - - - - - - - - - - - - - - 연규석 저 | 국반판 | 283p | MP3용 CD포함

■ Step by step 체코어 여행회화
- - - - - - - - - - - - - - - - 김은해 저 | 국반판 | 310p | MP3용 CD포함

■ Step by step 슬로바키아어 여행회화
- - - - - - - - - - - - - - - - 김은해 저 | 국반판 | 320p | MP3용 CD포함

■ Step by step 미얀마어 여행회화
- - - - - - - - - - - - - - - - 최재현 저 | 국반판 | 264P | MP3용 CD포함

■ Step by step 루마니아어 여행회화
- - - - - - - - - - - - - - - - 김성기 저 | 국반판 | 224p | MP3용 CD포함

■ Step by step 네덜란드어 여행회화
- - - - - - - - - - - - - - - - 김영중 저 | 국반판 | 400p | MP3용 CD포함

■ Step by step 이탈리아어 여행회화
- - - - - - - - - - - - - - - - 한성철 저 | 국반판 | 208p | MP3용 CD포함

■ Step by step 포르투갈어 여행회화
- - - - - - - - - - - - - - - - 최영수 저 | 국반판 | 272p | MP3용 CD포함

■ Step by step 힌디어(인도어) 여행회화 (출간예정)
- - - - - - - - - - - - - - - - 김우조 저 | 국반판 | 388p | MP3용 CD포함